中国旅游资源与文化研究

梁川飞　著

天津出版传媒集团
天津科学技术出版社

图书在版编目（CIP）数据

中国旅游资源与文化研究 / 梁川飞著. -- 天津：天津科学技术出版社, 2023.3

ISBN 978-7-5742-0904-6

Ⅰ. ①中… Ⅱ. ①梁… Ⅲ. ①旅游资源－研究－中国②旅游文化－研究－中国 Ⅳ. ①F592

中国国家版本馆CIP数据核字(2023)第038015号

中国旅游资源与文化研究

ZHONGGUO LÜYOU ZIYUAN YU WENHUA YANJIU

责任编辑：马　悦

责任印制：兰　毅

出　　版：天津出版传媒集团
天津科学技术出版社

地　　址：天津市西康路35号

邮　　编：300051

电　　话：（022）23332490

网　　址：www.tjkjcbs.com.cn

发　　行：新华书店经销

印　　刷：定州启航印刷有限公司

开本 710×1000　1/16　印张 11.75　字数 210 000

2023年3月第1版第1次印刷

定价：68.00元

前言

旅游是人类社会发展中的一种重要活动。旅游并不是现代社会才产生的单纯的娱乐活动，而是伴随着人类社会变迁处于不断发展之中。中国历史上曾出现多名著名旅行者，如徐霞客、谢灵运、郦道元等，他们都“亲身示范”，以自己的亲身经历作为依据，撰写了对于旅游发展具有推动作用的文学素材。

旅游文化是伴随旅游活动与旅游行为所产生的文化总称，既包含物质方面，也包含精神方面，既包含旅游行为所催生的各种实质性的旅游用品，也包含人们对于旅游资源进行利用的需求与心理状态。另外，由于旅游所涉及的领域较为广泛，它也间接促进了多学科、多产业的快速发展。例如，旅游学、文学、博物学、考古学、民俗学、建筑学等学科，以及饮食行业、娱乐行业、服务行业等产业。可见，旅游文化与我们的生活息息相关，如果离开旅游，人的生活将是不完整的。改革开放以来，尤其是进入 21 世纪之后，我国的经济发展一直处于一种“井喷之势”，各行业不断取得新突破。在这种趋势下，人们日常生活中对于旅游的需求明显增多，旅游已经成为备受大众青睐的一种休闲生活方式。

本书从多维视角入手，对中国旅游文化基本内容及其发展变迁进行了比较全面的分析与研究，包括中国建筑旅游文化、中国园林旅游文化、中国山水旅游文化、中国饮食旅游文化等部分。笔者力图站在更加宏观的视角，对旅游文化进行深入研究，以促进旅游相关的各学科、各领域共同发展，并对该学科相关的研究者提供一定的帮助。

目录

第一章 概述……001
第一节 文化的内涵……003
第二节 旅游文化的内涵……007
第三节 旅游文化的渊源与特征……011
第四节 旅游资源的相关概念……016
第二章 建筑旅游资源与文化……023
第一节 中国传统建筑的发展阶段……025
第二节 中国宫廷建筑文化……036
第三节 中国民居建筑文化……057
第四节 中国古城建筑文化……069
第五节 中国陵墓建筑文化……080
第三章 园林旅游资源与文化……087
第一节 中国园林的起源与发展……089
第二节 中国园林的分类与特点……093
第三节 北方园林……095
第四节 江南园林……103
第四章 山水旅游资源与文化……111
第一节 中国山水文化的历史发展脉络……113
第二节 中国山水文化的基本内涵与价值……117

第三节　中华十大名山文化……120

第五章　饮食旅游资源与文化……147

第一节　中国饮食文化的渊源……149

第二节　中国酒文化……155

第三节　中国茶文化……162

第四节　中国八大菜系……170

参考文献……176

第一章 概述

第一节　文化的内涵

一、文化的起源与定义

旅游文化作为一种特殊的文化形态，具有与其他文化所不同的特征，但究其本质，旅游文化仍然属于文化这一大范畴，所以在研究旅游文化的变迁与发展之前，要先对文化的内涵进行研究与界定。

（一）文化的起源

谈及文化，人们或许感觉熟悉又陌生，熟悉是因为文化二字常常伴随人们的口语得以表达，陌生是因为人们难以解释到底什么是文化，不知文化二字的真实含义。事实上，“文化”并非现代才出现的字眼，此二字古已有之。《易经》有云：“刚柔交错，天文也；文明以止，人文也。观乎天文，以察时变，观乎人文，以化成天下。”[①] 此为“文化”二字在我国历史上的首次出现，其中对文化的含义做出了基本的界定，即“观乎人文，以化成天下”，意为观察前人诗书礼乐的文明积淀，移风易俗以教化天下百姓。此为“文化”起初的含义，但要注意的是，这时的“文化”与我们如今运用文化二字所表达的含义不尽相同，而“文”与“化”也分别具有其各自的含义。

1．“文”

关于“文”，《说文解字》云：“文，错画也。”一开始，“文”指的是一种花纹和文身，后来伴随“纹”字的出现，纹与文二字便区分开来。后来“文”又被赋予了一些其他的含义，分别为“文字”“文章”“文德”“文采”“文献”“文事”等。例如，《论语》中有“质胜文则野，文胜质则史”的说法，此处的“文”表达的就是加工与修饰的含义，这是孔子当时对于君子人格的一种期许，希望君子都能够严格要求自己。

2．“化”

“化”，首见于商朝，从字形来看，化可以分为左右两部分，左半部分好像一个面朝左站立的人，右半部分好似一个倒立的人。关于“化”的含义，其起初指变化和改变，后来又发展出了几种其他含义，包括受到感化，如《吕

① 周鹏鹏．易经[M]．北京：北京联合出版公司，2015:23.

览》云："天下太平，万物安宁，皆化其上，乐乃可成。""化"同时也包括消散和消失，指人或事逐渐消失。

3."文化"

随着社会变迁，"文"与"化"二字除了单独使用之外，在一些时机也开始逐渐结合在一起，成为人们广泛使用的名词。例如，西汉时期的著名史学家刘向曾在《说苑·指武》中使用过"文化"一词："圣人之治天下也，先文德而后武力。凡武之兴，为不服也；文化不改，然后加诛。"① 意为圣人若想天下稳定，就要以文德为主，之后再实行武力，将武力镇压当作治国首选的统治者，并不会受到民众的爱戴与信服。晋朝束皙于《补亡诗·由仪》中称："文化内辑，武功外悠。"这时的文化是一种内化的品质与修养，已经初步具有了文化的现代含义。综上所述，古汉语中文化二字的含义并不拘泥于一种，而大体有如下两种：第一种表示统治者所施行的文治教化的综合，是统治者治国理政的一种手段与措施，更是维护社会稳定和长治久安的一项保障；第二种表示人类社会经过长期发展而逐渐形成的风俗人伦。

（二）文化的定义

随着各学科的建立与界定越发完善，加之人类对于人本身的探索需求越发强烈，学界对人类文化进行研究的脚步也逐渐加快。20世纪50年代，美国的文化人类学家克罗伯曾进行了长期的调查与研究，总结了不同学者关于文化的164种定义，并对这些定义进行了研究。在克罗伯的带动下，欧美地区许多人类学学者都开始关注文化一词，并纷纷提出了自己的见解与看法，可谓众说纷纭。

具体来讲，当时学者们对文化的定义主要包括如下几方面：第一，认为人类自产生至今所创造和实践的全部成果都属于文化内容，持有该观点的代表人物为著名学者泰勒，他认为人类社会一切意识层面与物质层面的产物均属于文化；第二，认为文化是一种其他生物所不具备的人类特有的能力；第三，认为文化是人类的思维活动；第四，认为文化是人类从社会中习得和传递的行为模式。

在我国，广义的文化指人类社会历史实践过程中所创造的物质财富和精神财富的总和；狭义的文化指社会的意识形态，以及与之相适应的制度和组织机构。实际上，多数人的一贯观点与文化的广义定义较为相近，包括人类社会

① 刘向.说苑·指武[M].王天海，杨秀岚，译.北京：中华书局，2019:36.

发展过程中所生产与制造的所有产物，如衣食住行相关的器物、各种生存技术与制造技术等。

二、文化的类别与内容

根据不同的区分方式，文化可被分为不同类别。以国家划分，其可以分为不同国家的文化；以时间划分，其可以分为古代文化、近代文化、现代文化。学界在对文化进行分类时，主要采用两分说、三分说、四分说几种方法：两分说将文化划分为物质文化与精神文化；三分说将文化划分为物质文化、制度文化、思想文化；四分说将文化划分为物质文化、制度文化、行为文化、精神文化。其中，三分说为各领域的众多学者所认可与接纳。

（一）物质文化

物质文化，与非物质文化相对，指人类在发展过程中所生产和创造的各种器物，是人类在长期实践中所制造的一系列事物，而且相关物质文化显著，体现了人类卓绝的创造力与生产力。原始社会末期，人类社会进入快速发展阶段，人们开始学着研制工具，以便于进行狩猎和领地争夺，而这恰恰促进了人类社会的快速发展。为了获取食物，不同部落的人运用绳子、石器制作武器，抓捕猎物；为了取暖，人们掌握了钻木取火这项技术；为了驱赶其他的外来部落，保卫自己的领地，人们逐渐促成了传统作战武器与传统武术的雏形。以上均为物质文化的重要体现。进入现代社会，我们日常生活中的各种事物，包括衣、食、住、行等都属于物质文化的范畴。

（二）制度文化

制度文化，指人类社会所制定的各项制度，是一般统治者为了维护自身统治的稳定性而制定的各项社会规范。人类的发展总是伴随着财富的积累，但是这种积累与发展并不是毫无规则可循的，人们需要遵循既定的制度与规范，而这些制度便共同构成了人类的制度文化。制度涵盖各个领域，包括经济领域、政治领域、社会领域等，所以制度文化必然也涉及人们所接触的方方面面，包括经济制度、政治制度、法律制度等。另外，制度由于内容较多，也可被区分为不同的类别，一类为约定俗成的制度，或称为民俗，最常见于村庄中，村民往往保留着比较古老、传统的民间习俗；另一类为政府强制要求的规范，这类制度具有很强的制约性，并不受区域、距离、气候等因素的限制，统一受统治阶级的宏观调控。

（三）思想文化

思想文化，指人类在长期实践过程中逐渐形成的群体性社会意识、固有价值观念等。思想文化包括哲学思想、文学思想、医学思想、美学思想等，其中与人类意识形态联系最为紧密的莫过于哲学思想。中国自古以来就已经展现出了哲学思想的光辉，开始呈现百家争鸣的局面。经历千年发展，作为中国传统哲学思想“主心骨”的儒道思想从未中断，并且在不同时代融合了不同的特征，体现出了独特的思想魅力。与古代中国遥遥相对的西方世界也诞生了苏格拉底、柏拉图、亚里士多德等一批著名哲学家，为人类整体思想文化的发展与丰富提供了“养分”。

综上，物质文化、制度文化、思想文化均为人类文化的重要内容，并不存在重要性的区分。然而，在马克思物质第一性的前提下，物质文化的产生时间要比思想文化与制度文化更早。

三、文化的功能与价值

文化的功能一般包含整合功能、导向功能、维持秩序功能、传承功能（图1-1）。

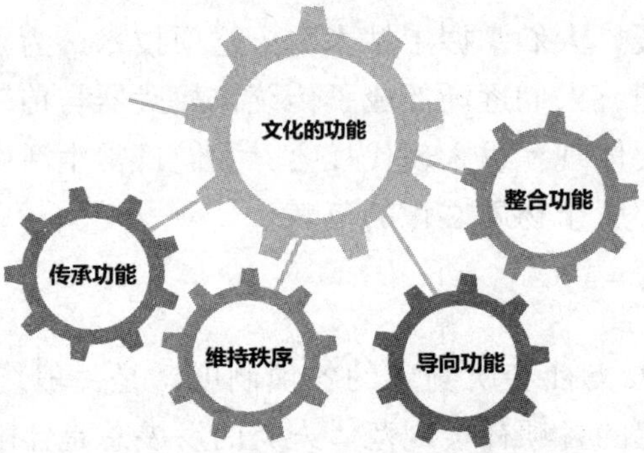

图 1-1　文化的功能

（一）整合功能

不同的群体往往具有各自独特的思想倾向，具有不同的价值取向与行为目标。在人类社会发展历程中，如果社会中的人群长期缺乏统一的、稳定的观念，就很难共同完成一定的任务，更无法协调采取行动。而文化却具有一种整合功能，能够将各自独立、各不相同的人群联系起来，创建共同的价值目标，并使之为了这一目标共同奋斗。

（二）导向功能

文化具有导向功能，所谓导向功能，指对于个体行为表现与生活方式的指引与导向。每一个个体都具有其特殊性，其自我意识与思维倾向也有所不同。如果对于未来发展缺乏思索与规划，个体就容易产生迷茫的心态，这对其长期发展是不利的。如果以文化为导向，个体情绪就容易稳定，且易形成积极目标，并朝着这一目标不断努力。

（三）维持秩序功能

在文化中，许多内容实际上就是人们在日常生活中约定俗成的习惯，以及人们基本上一致认可的经验，所以多数人对此都表示赞同。例如，人们基本上都认为热性食物吃多会上火，而这也是中医文化中的基本内容。又如，传统文化认为和谐有利于事物发展，人们也广泛认可这一观念。可见，某种价值观与行为规范被认可，也就代表某种秩序已经形成。所以，文化能够在一定程度上起到稳定社会秩序的作用。

（四）传承功能

文化具有传承功能。所谓传承功能，指保存和流传人们各项成果的作用。以中国为例，中国传统文化博大精深，无论是四大发明，还是长城故宫，无论是“博施济众”的思想文化，还是高深精密的圆周率，都是老祖先智慧与辛劳的结晶，对这些优秀的中国传统文化进行保护与传承，并努力将其发扬到世界，是每一个中国人的责任与义务。

在以“文化强国”为目标的今天，一个民族的文化对于其自身发展的意义尤为突出，可以说文化作为精神力量，作为一个国家在世界民族之林得以屹立的本质与核心，无论何时都不应被忽略，都应当被一代又一代人所铭记。

第二节　旅游文化的内涵

一、旅游的概念与特征

（一）旅游的概念

旅游与我们每个人的日常生活息息相关，每个人在学习与工作之余都有或多或少的旅游体验，但是旅游的概念到底是什么却并不是一个容易回答的问题。针对这一问题，国内外多名学者在总结前人研究的基础上，做出了比较严格的界定。1991 年，世界旅游组织曾于加拿大召开“旅游统计国际大会”，会上对旅游进行了重新定义，4 年后该定义在经过相关部门层层审核之后被推广使用，即“旅游是人们为了特定的目的而离开他们通常的环境，前往某些地方并做短暂停留（不超过一年）的活动，其主要目的不是要从访问地获得任何经济收益”[①]。从中可以提取出旅游活动的几个关键要素，分别为转变环境、短暂停留、非经济收益。所以，只有个体同时满足以上三个要求，其所进行的活动才能算真正的旅游活动。例如，某人前往一个陌生城市，停留时间也并未超过一年，但是如果其主要目的为经商与赚钱，那么其活动也并不能算作完整的旅游活动。

（二）旅游的特征

旅游具有明显的特征，部分特征与旅游的关键要素相一致，主要包括短暂性、异地性、休闲性、消费性、社会性、综合性等（图 1–2）。

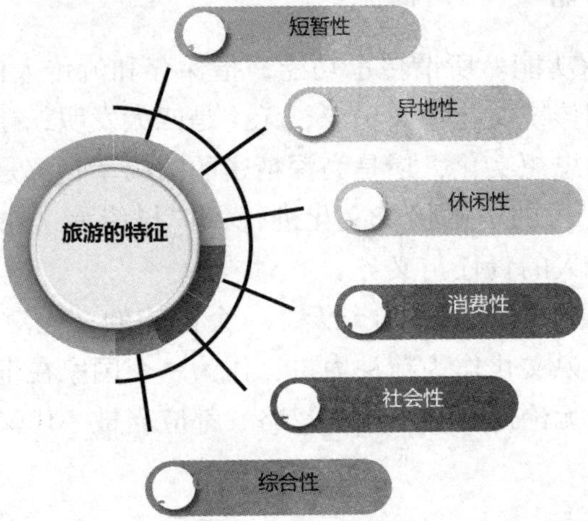

图 1–2　旅游的特征

1. 短暂性

旅游是一种短期性的行为，如果时间过长，便会与旅游的定义与初衷相违背，如移民等。旅游是发生在个体人生中某一时间段的特殊行为，按照旅游

① 陈艳珍 . 旅游文化 [M]. 北京：北京理工大学出版社，2017:3.

组织的定义，旅游是不能超过一年的活动。

2. 异地性

旅游必须伴随着空间的转变，任何人无法在同一场景进行旅游，必须前往区别于自身长时间生活与工作的空间，即脱离自己一贯的生活环境，尝试全新的生活环境与生活方式，只这样才能获得全新的体验与感受，这也是旅游的魅力之所在。

3. 休闲性

旅游是一种休闲放松的生活方式，任何旅游活动都不应存在明确的功利性目的，而应当是观光、消遣、审美等多种休闲方式的综合，以此构成旅游的休闲性。

4. 消费性

旅游的消费性主要体现在两个方面：一方面，旅游是对金钱财力的消耗，旅游者必须要在旅游前准备好充足的资金，否则无法支持旅游活动的消耗，也就无法支撑一次完整的旅游；另一方面，旅游也是对旅游者体力的消耗，旅游者充沛的精力、充足的体力，都是旅游活动正常进行的保障。

5. 社会性

旅游是一种社会性行为：一方面，旅游只能发生在人类社会之中，或者虽然旅行目的地不处于社会，但是人们进行旅游时所运用的手段与方法也来源于社会，如森林探险、野外求生等；另一方面，旅游并不是单一个体进行的个别行为，而是普遍存在于人类社会中，并且伴随人们生活水平的不断提高与社会生产力的不断提升而愈发普遍化和社会化的一种行为。

6. 综合性

旅游活动是一种综合性的社会现象：一方面，旅游者的体验内容和体验层次具有综合性；另一方面，旅游活动涉及或影响的范围具有综合性。

二、旅游文化的定义与内容

旅游文化，简单来讲即关于旅游的文化。事实上，旅游文化是一个广义性的概念，所涉及领域比较广泛。一方面，旅游文化是旅游学中的重要概念，也是一个基本概念；另一方面，旅游文化与文化学也具有一定的联系。

（一）旅游文化的定义

“旅游文化”这一词汇最早见于《旅游学——要素·实践·基本原理》，关于旅游文化的定义研究也是西方更早。西方学者在研究旅游文化时，习惯把旅游者（即个体）当作旅游活动的主体，并针对旅游者在活动中遇到的各种文化现象进行综合性研究。

在西方，多数学者并不将旅游文化看作单一学科，而以一种看待人类文化的宏大视角对其进行研究，对于人类学、文化学发展都具有一定的积极意义。总的来看，国外学者对于旅游的定义有如下两种特征：第一，西方侧重从社会角度、经济角度出发，对其进行研究；第二，西方学者除了注重旅游文化“是什么”，也注重旅游文化“造成的影响”。

在西方学者对旅游文化进行定义后，我国学者对旅游文化也逐渐加大了重视，并在结合我国传统旅游历史与文化的基础上，开始对旅游文化的定义进行解释。

我国学界对于旅游文化的定义具有多种解释。有学者认为，旅游文化是通过旅游，满足自己求新、求变、求乐等欲求的一种生活方式，更是现代社会中的一种文化现象。也有学者认为，旅游文化包含广义与狭义：广义来看，旅游文化是探寻人类旅游活动相关各种知识的一门学问；狭义来看，旅游文化是在目前的经济大环境之下，探寻合理开发旅游资源，保护与传承文化遗产方式的学问。还有学者认为，旅游文化是我国传统文化与旅游科学结合而成的全新文化体系，对于人类文化传承与发展具有帮助作用。此外，还有许多其他的说法，但是并未受到学者们的广泛推崇，只是为少数人所认可，在此不做叙述。

目前，国内对于旅游文化定义的主流看法大致包括如下几种：第一种，旅游文化是人类过去和现在所创造的与旅游有关的物质财富和精神财富的总和，可以看出这一定义与文化的广义定义十分相似；第二种，旅游文化指旅游主体与旅游客体各种关系的综合；第三种，旅游文化是旅游主体、旅游客体、旅游介体相互作用所产生的物质和精神成果，旅游三要素中任何一项都不能单独构成或形成旅游文化。

（二）旅游文化的基本内容与构成要素

1. 旅游文化的基本内容

旅游文化的内容比较庞杂，可以分为三个层面，分别为最外层、中间层、核心层三部分。这三部分既包含有形的物质，又包含无形的思想文化。

就其外层与表象而言，旅游文化包含旅游活动中所接触到的各种器物，如宫殿、园林、古代工具、工艺品等。

就其中间层而言，旅游文化包含旅游制度文化与行为文化。“旅游制度文化是旅游者和旅游经营者处理个人与他人、个体与群体之间关系的产物。它包括旅游活动参与者应遵守的法律、规章以及职业道德等约束机制，是旅游行为的定型化、程序化、道德化，主要由政府、集团、机构等运用手段制定和实施。”①

就其内层和核心而言，旅游文化包含旅游者或旅游活动参与者的内在心理活动、固有思维倾向、普遍价值追求等要素。

2. 旅游文化的构成要素

旅游文化种类繁多，内容庞大，可基于特定的依据进行构成划分，大致可分为旅游主体文化、旅游客体文化、旅游介体文化（图 1–3）。

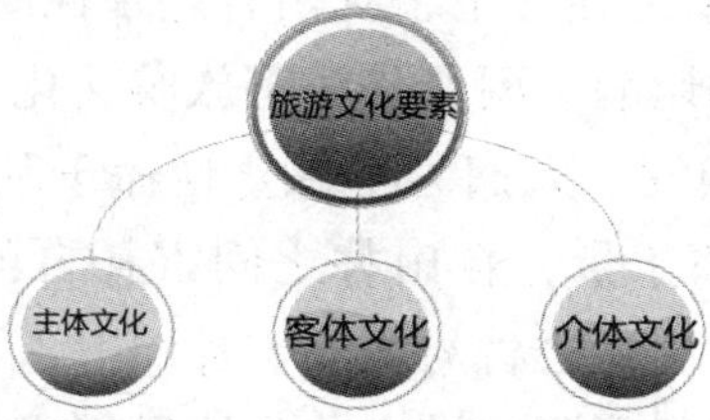

图 1–3　旅游文化要素

（1）旅游主体文化。旅游主体，指旅游活动中的旅游者，旅游主体文化即旅游者文化。它更加关注旅游者自身的内在体验。

（2）旅游客体文化。旅游客体，指旅游者在旅游活动中所接触到的各种旅游资源。根据旅游资源的形成、特性，也可以将其继续划分为自然资源与人文资源，这也是目前旅游最为重要的两个板块。

（3）旅游介体文化。旅游介体文化，指旅游业文化。所谓旅游业，一般包含两层含义，广义的旅游业指与旅游相关的一切企事业单位等其他相关部门，狭义的旅游业指旅游企业。

第三节　旅游文化的渊源与特征

一、旅游文化的产生与发展

由于本书侧重点在于中国旅游文化，所以关于旅游文化的产生与发展以

① 陈艳珍 . 旅游文化 [M]. 北京：北京理工大学出版社，2017:7.

中国为主。按照学术界的划分，旅游文化可以被分为三个发展阶段，分别为古代旅游文化、近代旅游文化、现代旅游文化。

（一）古代旅游文化

古代旅游文化产生于我国古代社会，无论是文人墨客，还是思想巨人，都曾在历史上留下关于旅游的佳作。例如，著名教育家、哲学家孔子曰："知者乐水，仁者乐山。"这段话最为根本的含义是人有其好恶，不同的人看待事物会有不同的眼光，同时也从侧面表达了旅游对于古人生活的重要意义。道家创始人老子也曾说："譬道之在天下，犹川谷之于江海。"可见，山水旅游对古人的生活方式具有一定的影响。两晋是我国旅游文化发展的一个高峰。这一时期由于社会动荡，战争频发，人们为了保全性命于乱世，热衷寻找避世之所，风流雅士纵情山水、寄情于景，在山林之间寄托自己的理想，抒发自己的情怀。例如，公元353年，王羲之曾与谢安、孙绰等人聚于会稽山阴兰亭，各抒怀抱。时如逝水，两晋之后我国旅游文化仍旧继续发展，如王勃登滕王阁并留下《滕王阁序》，范仲淹登岳阳楼并留下《岳阳楼记》，这对后世文学发展与旅游发展都起到了促进作用。总之，我国古代的旅游文化十分丰富，下面对我国古代主要的旅游方式分别进行描述。

1.帝王巡游

帝王巡游，指历朝历代统治者在自己的领土之内进行的巡查和游览活动。通过巡游，帝王能够大致了解国土内不同地区居民的风土人情，还能够展现和树立自己的威严，以巩固统治，促进社会和谐。

帝王巡游既是帝王出游、观光的主要方式，也是帝王体察民情的重要手段。据史书记载，我国最早的帝王巡游出现于西周时期。《左传》有云："昔穆王欲肆其心，周行天下，将皆必有车辙马迹焉。"这是说周穆王曾经想要随心所欲走遍天下，希望天下都能留下自己的车马足迹。秦始皇虽然在位时间不长，却曾组织规模大大小小的巡游五次，且在我国名山大川之地留下了不少巡游的见证，如泰山勒石、会稽勒石、碣石勒石等，这都表明当时秦始皇巡游的场景十分壮丽。汉武帝刘彻作为汉朝最具建树的统治者之一，也曾多次组织巡游活动，《所志》中对于汉武帝登泰山的表现具有比较生动的描述："高矣，极矣，大矣，符其，壮美，特矣，驻矣，惑矣……"另外，汉武帝还在泰山立下了无字碑，之所以没有刻下任何文字，是因为他认为自己的功德已经不需要再去记录，甚至石碑已经无法贴切地表明自己的功绩。

此后，帝王巡游从未间断，清朝时期帝王巡游与狩猎活动均显著增多。

例如，康熙皇帝多次巡视江南；乾隆皇帝在位期间也曾效仿康熙进行了六次南巡，不过乾隆时期由于享受了康熙时期积攒的财富，在巡游上并未奉行历代帝王一贯的节俭作风，而是兴师动众，消耗了大量人力物力财力。据记载，每到一个新环境，乾隆皇帝都要修建行宫，当地的官员和随从甚至高达两千多人，极为奢靡。

2. 文人墨客诗意旅游

古代的文人墨客为了找到更加丰富、更具特色的创意灵感，时常结伴游山玩水；也有一些学者为了更加明确自己的人生追求与未来方向，选择以游历、走访的方式去搜集各种素材，从而更好地进行创作，以贡献更多具有文学艺术价值的佳作。

例如，西汉时期的著名历史学家司马迁在年少时就曾经跟随自己的父亲踏遍祖国的万里河山，为今后的学习与创作夯实了基础。又如，在我国文化井喷发展的唐宋时期，许多著名诗人、词人都曾留下众多游记名篇，包括苏轼的《石钟山记》、柳宗元的《小石潭记》、欧阳修的《醉翁亭记》。此外还有著名的地理书籍《水经注》，以及旅游学的“开山鼻祖”《徐霞客游记》，其作者徐霞客也被人称为“千古奇人”。

3. 百姓出游

旅游素来不是皇家的专利，虽然皇家出游规模宏大、氛围浓厚，但是自古平民百姓也具有出游的权利。据史书记载，我国古代百姓出游自殷商时期就已经出现，不过当时的旅游常常与祭祀、节日相联系，在平日里百姓出游较少。另外，在每年收获时节之后，如果收成较好，百姓也时常会一起短途出游。在节日时，如中秋、重阳，百姓会进行与节日习俗相关的出游，包括赏月、登高等。可见，出游情况往往是我国古代劳动人民生活的基本写照。

（二）近代旅游文化

中国近代史的时间是从1840年的鸦片战争到1949年中华人民共和国成立前，这一时期我国的社会面貌开始发生重要转变，由于闭关锁国政策与海禁政策，我国并未实现快速发展，反而与曾经的天朝大国形象逐渐剥离开。

在政治上，我国没有像西方部分国家一样爆发资产阶级革命；在经济上，我国没有转变曾经的经济发展模式，仍然是以农耕为主，加上少量手工业者的生产方式；在社会上，西方列强的入侵打乱了我国曾经和谐稳定的秩序，使华夏大地沦为半殖民地半封建社会。在这种情形下，部分有识之士开始认识到因循守旧的危害，并希望效法西方，寻求新思路与新技术，于是兴起了“海外留学热”。在清政府的支持下，一些官员和学界精英开始走出国门，去日本或欧洲考察与学习，力图做出革新，实现中华振兴。

另外，这一时期出现了独具特色的革命旅游，革命旅游与休闲旅游不同，其主要目的并不是放松与休闲，而是以革命为主旨与核心。近代社会中，一批仁人志士希望在危局中挽救千疮百孔的中国社会，所以进行了广泛的革命旅游，如孙中山、李大钊、瞿秋白等人都有去国外进行革命旅游以寻找救国之方的经历。

（三）现代旅游文化

1949 年，中华人民共和国成立，旅游活动也由于社会逐渐安定而蓬勃发展起来。

在计划经济体制下，社会生产被分割而局限于一地，广大民众极少旅游。但是一些公务人员在计划体制的配置下开始游历各地进行考察，促成了庞大的劳作性旅游。[①] 改革开放后，我国经济进入快速发展期，各新兴行业如雨后春笋争相出现，大众性商业旅游在社会发展浪潮中被推向世界。总之，这一时期的旅游比古时多了更多的不确定性，也多了几分目的性，不再是单纯满足观物修身与视听之娱。

二、旅游文化的特征

旅游文化的特征包含地域性特征、民族性特性、承袭性特征、交融性特征（图 1–4）。

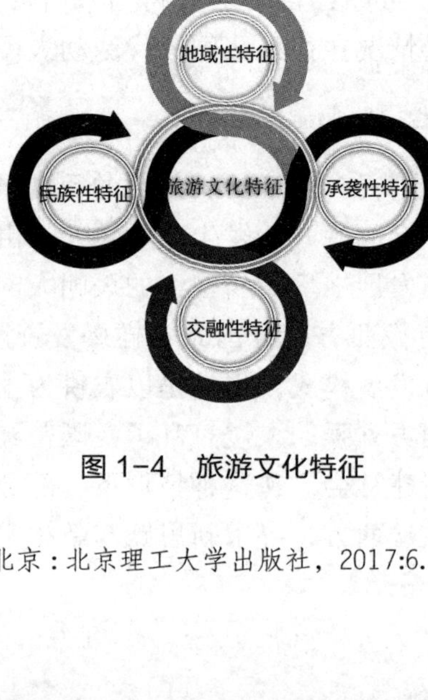

图 1–4　旅游文化特征

① 陈艳珍 . 旅游文化 [M]. 北京：北京理工大学出版社，2017:6.

（一）地域性特征

旅游文化的地域性特征，指不同地域的旅游文化具有明显的差异，究其原因，主要是因为不同地域自然环境与社会环境有所不同。我国疆域辽阔，不同地区之间的差异较大。例如，南方的苗族、布依族、侗族为了适应当地湿润多雨的气候而居住在吊脚楼中，即使在今天，也有许多少数民族地区沿用着这种传统住房。而陕北地区人民为了适应风沙与黄土较多的气候，则居住在黄土窑洞中。处于不同的地域时，旅游者就会有不同的体验。

（二）民族性特征

我国是民族大国，共计 56 个民族，每个民族都有其独特的语言、文字、艺术等。例如，藏族人民生活于世界屋脊青藏高原与青海、甘肃等地，他们普遍信仰藏传佛教，并精通藏医学与雕塑建筑艺术；满族人民居住于我国北部，包括辽宁、吉林、黑龙江等地，他们自古就十分擅长骑射、擅长打猎，掌握了十分先进的蓄养牲畜的能力和手段；苗族同样是古老的民族，主要分布于我国的黔、湘、鄂、川、滇、桂、琼等省区，具有十分多样而丰富的艺术表现形式，如鼓舞、芦笙舞等。

（三）承袭性特征

旅游文化具有承袭性，旅游文化首先属于文化，所以必然具有文化的继承性。在社会发展与更替的进程之中，新兴的文化必然总是在旧文化的基础上发展起来，并且沿袭部分此前文化的特点。“文化的承袭性使文化具有相当的稳定性，文化经过潜移默化的内化过程，沉淀于显意识和潜意识底层，由此得以保存流传下来，从而积累了深厚的历史文化资源。”[①]

（四）交融性特征

文化因碰撞而多彩、因互鉴而灿烂，是一个永恒发展与变化的话题，任何国家、任何民族的文化都需要不断与其他文化进行融合，努力吸收其他文化的优良成果以充实自身。要增强中华人民的文化自信，要做到学史增信，了解传统文化就是十分重要的环节。

纵观中国古代史，中原地区人民虽然长期与北方游牧民族发生大小规模的战争，但是在战争中也时刻发生着文化交融现象。例如，汉武帝命令卫青、

---

① 陈艳珍 . 旅游文化 [M]. 北京：北京理工大学出版社，2017:7.

霍去病等将领平定漠北、漠南，在征战途中，汉朝将士将汉民族的文化传到了遥远的边疆，同时，汉朝也从匈奴方了解到了他们所特有的文化与风土人情。又如，唐朝是我国历史上文化融合最为频繁的时期，这一时期前往我国都城长安进贡的番邦属国不在少数，他们带来了独具特色与文化底蕴的绘画、歌舞、服饰、器具，促进了文化的交融与渗透。据学者记载，唐朝时期由西域康国、史国传来的胡旋舞为我国的舞蹈艺术增添了新的活力与生机。

第四节　旅游资源的相关概念

一、旅游资源的内涵

旅游资源是开展旅游活动的重点要素，是旅游规划的先决条件，更是使旅游文化从旅游活动中生发出来的基础与保障。关于旅游资源，学术界与旅游界对其有着广泛的研究，也因此，旅游资源的定义现存许多不同的版本。

1.国外学者对旅游资源的定义

国外的学者一般习惯以“旅游吸引物”对旅游资源进行命名，指旅游目的地吸引游客的各要素的总和。它不仅包含旅游地的旅游资源，还包含接待设施和优良的服务因素，甚至还包含舒适快捷的交通条件。可见，在国外学者的眼中，旅游除了要有相关的资源、优美的景观、有趣的活动，还要有优质的服务等，这体现出学者更加注重高质量的旅游。

2.国内学者对旅游资源的定义

国内的学者从不同的出发点对旅游资源进行了解释。郭来喜认为：“凡是能为人们提供旅游观赏、知识乐趣、度假疗养、娱乐休息、探险猎奇、考察研究及人民友好往来和消磨闲暇时间的客体和劳务，都可称为旅游资源。”① 阎守邕认为：“目前已经利用的和尚未利用的、能够吸引人们开展旅游活动的自然过程、人类活动以及它们在不同时期形成的各种产物之总称即为旅游资源。”② 卢云亭则认为：“凡是对游客产生吸引力，并具备一定旅游功能和价值的自然与人文因素的原材料，统称为旅游资源。”③ 可见，学术界对于旅游资源的定义

① 张艳萍，肖怡然，邓思胜.旅游资源学理论与实务[M].北京：北京理工大学出版社，2019:37.

② 张艳萍，肖怡然，邓思胜.旅游资源学理论与实务[M].北京：北京理工大学出版社，2019:38.

③ 张艳萍，肖怡然，邓思胜.旅游资源学理论与实务[M].北京：北京理工大学出版社，2019:38.

种类颇多，不同的定义也各有合理性。笔者认为，旅游资源的关键在于一定要包含两个要素，其一是对个体（游客）有着一定的旅游吸引力，其二是对当地旅游事业的发展具有一定的促进力。

二、旅游资源的类别

根据不同的划分方式，旅游资源可以被分为不同的类别，其划分依据与相应的类别如下。

（一）根据旅游资源的属性分类

根据旅游资源的属性分类，可以将其分为自然旅游资源、人文旅游资源、社会旅游资源三大类。

1. 自然旅游资源

自然旅游资源指天然存在的具有游览观光、休息疗养、娱乐体育等吸引力的地理要素，具体包括地文景观、水域景观、生物景观、天象与气候景观四大类，如表 1–1 所示。

表1–1 自然旅游资源

地文景观	自然景观综合体
	地质与构造形迹
	地表形态
	自然标记与自然现象
水域景观	河系
	湖沼
	地下水
	冰雪地
	海面
生物景观	植被景观
	野生动物栖息地
天象与气候景观	天象景观
	天象与气候现象

（1）地文景观。地文景观是指在地球内，外营力综合作用于地球岩石圈而形成的各种现象与事物的总称。地文景观具有一定的观赏价值与科普教育等价值，同时也包含着很强的研究价值。地文景观具体包括典型地质构造遗迹、标准地层剖面、生物化石点、岩石与矿物、自然灾变遗迹、山岳景观、峡谷景观、火山熔岩、岩溶景观、风沙地貌、丹霞地貌、海岸与岛礁以及其他地貌。

（2）水域风光。水域风光是大自然的“杰作”，是大自然风光的重要组成部分，是人们乐于游览的旅游资源，具体包括江河、湖泊、瀑布、泉、海洋以及其他水体。

（3）生物景观。地球本就是一个大生物圈，包括人类、动物、植物和微生物。旅游资源中的生物景观是指以生物群体构成的总体景观和个别的珍稀品种和奇异形态个体。生物景观具有美化、活化和净化旅游环境和人类生存环境的作用，可以分为植物旅游景观与动物旅游景观，具体包括森林景观、草原景观、古树名木、奇花异卉、观赏动物、表演动物、珍奇动物、自然保护区。

（4）天象与气候。天象是天空中发生的各种自然现象的统称，如太阳出没、行星运动、日月变化、彗星、流星、流星雨、陨星、日食、月食、极光、新星、超新星、月掩星、太阳黑子等。[①] 气候指一定地区里经过多年观察所得到的概况性的气象情况。气候是该时段各种天气过程的综合表象，主要的气候要素包括光照、降水和气温等。

2. 人文旅游资源

人文旅游资源，也被称为人文景观旅游资源，它是由人类社会中的生活环境、生活方式、历史文物、民风民俗、生产活动等要素共同构成的旅游资源。这类旅游资源的优势不在于壮美的景观，而在于别具特色、意蕴深厚的文化体系，是人类历史文化的结晶。人文旅游资源不仅包含人类历史过程中的各种重要文明，还包含在一定程度反映现实社会的各种文化，可谓通览古今、兼容并蓄。历史上的各种文物古迹与建筑遗址都属于人文旅游资源的内容，当代社会所建造的各种文化馆以及文化相关的建筑与设施也同样包含在内。人文旅游资源的子类别如表 1–2 所示。

① 羊绍全 . 旅游资源调查与评价实训教程 [M]. 北京：北京理工大学出版社 ,2019:77.

表1-2 人文旅游资源

人文旅游资源	人文景观综合体
	实用建筑与核心设施
	景观与小品建筑
	物质类文化遗存
	非物质类文化遗存
	农业产品
	工业产品
	手工艺品
	人事活动记录
	岁时节令

（1）人文景观综合体。人文景观综合体包括社会与商贸活动场所、军事遗址与古战场、教学科研实验场所、建设工程与生产地、文化活动场所、游乐休闲度假地、宗教与祭祀活动场所、交通运输场站、纪念地与纪念活动场所等。这些场所能够反映出旅游地社会的政治、经济、文化和军事活动，是游客了解当地人类活动的物质载体，是科研工作者和进行研学的游客进行地区历史研究的依据。例如，赤壁古战场、国家海洋实验室、塔尔寺、大兴国际机场、国家大剧院、冬奥会场馆等都是人文景观综合体。

（2）实用建筑与核心设施。实用建筑与核心设施包括特色街区、特色屋舍、独立场所、桥梁、渠道、运河段落、堤坝段落、港口、渡口、码头、洞窟、陵墓、景观农田、景观牧场、景观林场、景观养殖场、特色店铺、特色市场等。这些建筑与设施是现在资源所在地居民和游客正在使用的建筑或者核心设施，既是游客欣赏的目标物又是向游客提供服务的旅游设施或基础设施。例如，回民小吃街、各类规划展览馆、跨海大桥、三峡大坝、云冈石窟等都是地区性的实用建筑与核心设施。

（3）景观与小品建筑。景观与小品建筑包括形象标志物、景观点、亭、台、楼、阁、书画作、雕塑、碑碣、碑林、经幡、牌坊、牌楼、影壁、门廊、廊道、塔形建筑、景观步道、甬道、花草坪、水井、喷泉、堆石等。这些资源是以微观方式点缀生活环境和旅游环境的，便于游客在游览、度假中感受身边的美景。例如，拙政园的小飞虹、颐和园的长廊、大雁塔、滨海步行道等均为具有美化环境作用的景观与小品建筑。

（4）物质类文化遗存。物质类文化遗存是历史遗迹的一部分，它包括建筑遗迹、可移动文物两类。它们是看得见、摸得着的物质类遗存，本身是历史遗物，同时又承载着遗迹所处地区在某一历史时期的社会经济、政治、文化的发展情况。例如，故宫、长城、承德避暑山庄、后母戊鼎、《清明上河图》等都是典型的物质类文化遗存。

（5）非物质类文化遗存。非物质类文化遗存包括民间文学艺术、地方习俗、传统服饰装饰、传统演艺、传统医药、传统体育赛事等，这些遗存本身对游客具有吸引力，同时也是游客可以体验的资源，能让游客更好地融入旅游地的环境中，感受不一样的生活。例如，那达慕大会、格萨尔、藏戏、二十四节气、苗族服饰等都属于非物质类文化遗存。

（6）农业产品。农业产品是旅游购物的土特产，它包括种植业产品与制品、林业产品与制品、畜牧业产品与制品、水产品与制品、养殖业产品与制品等，这些产品新鲜又无保鲜剂，营养又健康，口感甚佳。如果这些产品的包装能够满足赠送需求，游客也会买来赠送亲朋好友。例如，可可西里牦牛肉、燕山板栗、沁州黄小米、盘锦大米、新郑大枣等农业产品都是我国著名的国家地理标志产品。

（7）工业产品。工业产品包括日用工业品以及旅游装备产品。这些产品特色，且设计有亮点，品质更高，生产工艺独特，是游客在电商平台或者商超难以购买到的高品质产品。例如，免税店的化妆品、箱包产品、电子产品等。

（8）手工艺品。手工艺品包括文房用品、织品、染品、家具、陶瓷、金石雕刻、雕塑制品、金石器、纸艺与灯艺、画作等。手工艺品的制作者或者是非物质文化遗产的传承者需要以更加新颖的方式来普及工艺品，让游客短时间内了解它、欣赏它，进而购买它。例如，苗族银饰、徽州毛笔、景德镇瓷器、青田石印章、四大刺绣等。

（9）人事活动记录。人事活动记录是人文活动的一部分，它包括地方人物与地方事件。地方人物与地方事件通常会成为其所在旅游目的地的核心旅游资源，它能贯穿起地方的文学艺术、地方习俗、建筑遗址、宗教及祭祀活动场所，甚至一些传统赛事、旅游购物等。例如，地方人物有古代的孔子、孟子，近现代的鲁迅、孙中山、焦裕禄等；地方事件有赤壁之战、南昌起义、汶川地震等。

（10）岁时节令。岁时节令是人们以时间为节点约定俗成的集体性活动，它包括宗教活动、庙会、农时节日、现代节庆等。岁时节令本身会调整人们的心情、规律生活作息时间、消费习惯，所以旅游业可以利用它来吸引游客，让游客得到精神上、身体上的放松。例如，孔子诞辰纪念日、四月初八庙会、丰收节、端午节、青岛国际啤酒节等。

（二）根据旅游资源管理级别分类

根据旅游资源管理级别，可以将旅游资源分为世界级旅游资源、国家级旅游资源、省级旅游资源、市（县）级旅游资源。

1. 世界级旅游资源

世界级旅游资源指被联合国教科文组织批准列入《世界遗产名录》的名胜古迹、世界级地质公园，以及列入联合国“人与生物圈”计划的自然保护区等旅游资源，具体包括泰山、长城、莫高窟、秦始皇陵、黄山、丽江古城、平遥古城、苏州古典园林、大足石刻、武夷山、云冈石窟、殷墟、神农架、梵净山等。

2. 国家级旅游资源

国家级旅游资源指国务院审定公布的国家风景名胜区、国家历史文化名城和国家重点文物保护单位，以及国家级自然保护区和国家森林公园，具体包括大盘山风景名胜区、千佛山风景名胜区、米仓山大峡谷风景名胜区、大河村遗址、裴李岗遗址、古城寨城址、夏都二里头遗址、偃师商城遗址、洛阳东周王城、响堂山石窟、赵邯郸故城、武侯祠、杜甫草堂等。

3. 省级旅游资源

省级旅游资源，指省级风景名胜区、省级历史文化名城、省级文物保护单位、省级自然保护区、省级森林公园等。

4. 市（县）级旅游资源

市（县）级旅游资源，指市（县）级风景名胜区和市（县）级文物保护单位。

第二章 建筑旅游资源与文化

第一节　中国传统建筑的发展阶段

一、中国传统建筑的基本内容

在旅游文化中，建筑文化是不可绕开的环节，中国传统建筑历史悠久，不仅蕴含着丰富的建筑学理论，还包含丰富的中国传统思想元素，如传统儒学、道学等思想都对建筑发展具有指导作用。我国传统建筑是中国传统文化的重要组成部分，更是旅游文化中不可或缺的内容。

（一）中国传统建筑的特点

著名建筑学家梁思成先生曾说："历史上每一个民族的文化都产生了它自己的建筑，随着这文化而兴盛衰亡。"世界上现存的文化中，除去印度文化，中华民族的文化是最古老、最长寿的。

我们的建筑同样比较古老、长寿。在历史上，其他与中华文化约略同时形成的文明古国，如古埃及、古巴比伦，稍后一点的古波斯、古希腊及更晚的古罗马都已成为历史陈迹，而我们的中华文化则血脉相承，蓬勃地滋长发展。[①] 可见，中国作为世界四大文明古国之一，具有文明发展的连贯性、继承性，即使我们已经进入知识经济时代，我国传统建筑文化也从未淡出人们的视野。中国传统建筑文化历久弥新、独具魅力，其特点主要体现在以下几个方面。

1. 建筑与思想紧密结合

古人习惯把传统思想文化展现在传统建筑之上，在国内任何名胜古迹旁，我们都很容易发现传统思想文化的影子，如"务实思想""中庸思想"等。

"务实思想"生根于我国特殊的经济环境下。小农经济是我国古代的主要经济模式，因此中国劳动人民始终奉行"一分耕耘，一分收获"的工作模式。孔子云："君子耻其言而过其行。"这表明中国人注重实用、踏实肯干的思想。反映到建筑上，中国传统建筑建立在一套完备的木框架结构的技术体系上，注重结构逻辑的真实性的表达与传递。

"中庸思想"也是我国传统文化中的重要内容，我国历代哲学家关于"中

① 龚鹏 . 旅游文化 [M]. 北京：北京理工大学出版社，2016:173.

庸”有着丰富的阐述，如“中庸之为德也，其至矣乎，民鲜久矣”“致中和，天地位焉，万物育焉”等。反映到传统建筑文化上，多数建筑都要打造一条中轴线，中轴线两侧完全对称，以形成一种对称中庸之美。同时，“中庸”讲究蕴蓄其中，所以传统建筑常常把精华与高潮“藏”于建筑的最里面，而展露在外面的仅仅是比较朴素的墙面。

2. 以木质结构作为主要建筑材料

传统建筑常以木材作为主要材料，以木构柱梁为承重骨架，以木材、土或其他材料为围护物。“中国古代建筑由屋顶、屋身、台基三个部分组成，采取以木架结构为主的结构方式。木构架建筑由立柱、横梁、顺檩等构成富有弹性的框架。由框架来承受屋面、楼面的荷载，墙并不承重，只起围蔽、分隔和稳定柱子的作用。”① 传统建筑主要运用木质，所以建筑的保留情况比较好。当然，我国民族众多且各民族生活习惯、建筑方式都有所不同，因此形成了十分多样的木架构形式，主要包括抬梁式、穿斗式、井干式三种。

（1）抬梁式。抬梁式是我国传统木质建筑的主要建造形式，其先要求以一个垂直于地面的木柱作为房屋的主要支撑点，之后“木柱顶端沿着房屋进深方向架起数层叠架的木梁。木梁由上至下，逐层缩短，层间垫短柱或木块，最上层梁中间立小柱或三角撑，形成三角形梁架”②。

（2）穿斗式。穿斗式与抬梁式最大的不同就在于它没有梁。“穿斗式构架的特点是沿房屋的进深方向按檩数立一排柱，每柱上架一檩，檩上布椽，屋面荷载直接由檩传至柱，不用梁。”③ 穿斗式结构比较节约资源、节省经费，曾广泛存在于我国长江中下游地区，主要包括我国大部分南方地区。

（3）井干式。这种结构不用立柱、大梁，而是依靠转角木料端部的交叉咬合，以此作为主要的固定方式而形成房屋。综合以上几种建造方式，井干式的出现率最低，仅在东北林区和西南山区中的少数地区存在。

3. 广泛使用斗拱结构

斗拱，也被称作料栱、斗科，是我国传统建筑的重要结构。斗拱产生较早，最早见于战国时期，后来便于古代建筑中较为常见，一般由方形的斗、升、拱、翘、昂组成，在比较大型的建筑物中用于屋顶与柱的过渡和衔接。

一般来讲，斗拱具有如下几点作用：

① 龚鹏．旅游文化 [M]. 北京：北京理工大学出版社，2016:175.

② 同上．

③ 同上．

第一，斗拱具有稳定建筑、承上启下的作用，可以把柱与梁衔接起来。

第二，斗拱由于其外形往外挑，让建筑物出檐的距离更长，从而给人们以视觉上美的享受。

第三，斗拱结构十分精妙，造型比较丰富，对建筑物起到了很好的装饰作用。

第四，榫卯结合是抗震的关键，这保证了建筑物的刚性，能够应对一定的地震灾害，起到了重要的稳定作用。

总之，斗拱是传统建筑的重要结构，无论是唐朝大明宫，还是明清时期的避暑山庄，都可以看到斗拱的影子。

4. 排列整齐而又不拘一格的布局原则

在我国传统建筑发展史中，绝大多数的传统建筑均遵循整体原则，无论是小规模建筑还是大规模建筑群，都比较讲究整齐。例如，古代绝大多数的宫殿群，包括汉未央宫、汉建章宫、隋大兴城、唐大明宫等，都错落有致，各街道都互相平行或互相垂直，极少出现“斜道”“弯道”。而且，我国一般建筑都是以“间”为单位，即建筑中心围绕一个中心空间。例如，许多庭院都是按照这一原则，在庭院中心制造一个院落，周围则紧紧将其环绕起来，包括我们所熟知的“四合院”等。需要注意的是，虽然传统建筑总体遵循排列整齐和中心空间的原则，但是为了更富有美感的艺术表达，有些建筑的布局又相对灵活、不拘一格，会在建筑中建造一些廊院，包括各种道廊、走廊等。

5. 饱含文化底蕴的装饰

我国传统建筑多采用木质结构，这给建筑装饰物的发展提供了创造平台。一般来讲，我国传统建筑主要有绘饰与雕饰。就绘饰而言，为了更好地保护木质建筑，防止木材遭受腐蚀，工匠就会使用特制的油漆，这种油漆中含有铜，可以有效将木质与空气和湿气隔离开来，起到防潮、抗氧化、抗风吹的作用，同时还能够增加建筑的艺术性，提升其美感。例如，传统建筑上所绘制的内容十分丰富，有动植物花纹、各种人物乃至故事情节。雕饰是在建筑上雕刻的各种艺术品，包括佛像、兽像等，其风格各异、形态不一、内容丰富。

综合绘饰与雕饰，久而久之便产生了“雕梁画栋”的说法。不过，雕梁画栋也并非在我国所有地域都普遍存在，而是具有地区差异性。

（二）中国传统建筑的构件

中国传统建筑包含多样性构件，主要包括台基、木头圆柱、开间、大梁、斗拱、彩画、屋顶、山墙、藻井等基本构件，每种构件都各有其特色，共同组成了丰富多样的中国传统建筑的表现形式。

1. 台基

台基，又被称作基座，是传统建筑的基本。没有稳定的台基，就无法打造足以承托厚重建筑物的基础。同时，台基具有一定的高度，可以使建筑物与地面间隔开，有助于建筑防潮防腐，对于延长其使用时间具有明显的保障。

（1）普通基座。普通基座是台基中最为普通的一种形式，一般由素土、灰土、碎砖三种土共同筑成，高度较低，用于小型建筑。

（2）较高级基座。较高级基座比普通基座高，经常在台基上面建汉白玉栏杆，用于大型建筑或宫殿中的次要建筑。

（3）更高级基座。更高级基座也被称为须弥座或金刚座，这种基座常常用于佛像，由于其较高，容易使佛像显得更为高大，给人以一种崇高、伟岸、神圣的感觉。

（4）最高级基座。这种基座是台基中最高、最大的形式，最常用于气势恢宏的宫殿，如唐大明宫中的含元殿，就是运用最高级基座来彰显无上的皇权。

2. 木头圆柱

木头圆柱，指由木质材料制成的柱状构件，一般采用松木或楠木，圆柱的体型一般较大，用于支撑建筑。

3. 开间

"四根木头圆柱围成的空间称间，是中国古代建筑空间组合的基本单元。"① "间"也被分为不同种类，包括"开间""面阔""进深"等，但是一般来讲，开间越多建筑等级越高。又由于古人注重数字的吉凶，认为"九""五"这类数字是祥瑞的代表，所以其常认为面阔九间、进深五间为皇权之象征。

4. 大梁

大梁，指架于木头圆柱上最为重要的木头，横向放置用来承重，一般采用松木、榆木构成。

5. 斗拱

斗拱是华夏民族特有的一种构件。斗拱在建筑中时常处于不同的位置，根据其放置位置不同，则有不同的叫法（表 2–1）。

① 龚鹏 . 旅游文化 [M]. 北京：北京理工大学出版社，2016:177.

表2-1 斗拱的不同叫法

斗拱名称	宋代名称	清代名称
柱头斗拱	柱头铺作	柱头科
柱间斗拱	补间铺作	平身科
转角斗拱	转角铺作	角科

6. 彩画

彩画，是传统建筑中的重要构件，最早只是为了保护木质结构，对于美观的要求并不高。后来随着绘画艺术的发展以及人们审美需求的提高，彩画有了更强的装饰作用。尤其是宋朝之后，绘画艺术有了较大发展，在建筑中则有了更高的要求与体现。一般来讲，彩画包含三个等级，分别为苏式彩画、旋子彩画、和玺彩画。

（1）苏式彩画。苏式彩画是等级最低的一种彩画，源于苏州。苏式彩画的内容主要与江南水乡有关，包括山水景观、花鸟鱼虫，在园林中十分常见。

（2）旋子彩画。旋子彩画等级高于苏式彩画，画面用简单的涡卷瓣旋花，常出现于庙宇或宫殿群中的次要建筑上。

（3）和玺彩画。和玺彩画是三个等级中最高的一种，特点为中间包含龙凤等吉祥图案，并搭配花卉图案。

7. 屋顶与其他

在传统建筑中，屋顶与屋檐共同结合和搭配，表现出多样的建筑风格。

（1）悬山顶。悬山顶指悬山式屋顶，在不同朝代有不同称呼，在我国古代十分常见。后来，悬山顶被流传至东亚与南亚地区，如日本、朝鲜、韩国、越南等地。悬山顶虽然比较常见，但是一般只用于民间建筑，不用于重要建筑。

（2）硬山顶。硬山顶指硬山式屋顶，这种建筑形式出现较晚。古代记载建筑最为全面的著作《营造法式》中并未提及硬山顶，可以推测硬山顶应产生于宋朝后期，可能于明清之际才开始发展起来。硬山顶最大的优势在于可以防火，这是由于屋顶有高出屋面的山墙，火势不会顺着房屋继续蔓延，从而达到遏制火势的目的。

（3）歇山顶。歇山顶指歇山式屋顶，歇山顶的等级较高，仅次于庑殿顶，最早见于汉朝。歇山顶被分为单檐和重檐两种类别，单檐比较好理解，重檐指基本歇山顶的下方额外再增加一层屋檐。

（4）庑殿顶。庑殿顶指庑殿式屋顶，是中国传统建筑中等级最高的屋顶样式。庑殿顶出现较早，据考证，周朝、汉朝的文物中都可以见到庑殿顶的影子。后来，庑殿顶主要用于规模较大的皇家园林、大型寺院，如皇宫、孔子殿堂等。

（5）攒尖顶。攒尖顶产生于宋朝，在当时被叫作“撮尖”，清朝时被称为“攒尖”，指屋顶处将各角度的屋面交汇到一起，形成一个点。例如，应县木塔、中和殿、祈年殿等。

（6）盝顶。盝顶是金元时期比较常见的屋顶形式，在建筑顶部有四个正脊，并共同围成平顶，下面衔接庑殿顶。盝顶的梁常常使用四柱，加上枋子抹角或扒梁，从而形成四角形或八角形的屋面，顶部则是平顶的屋顶四周加上一圈外檐。

（7）卷棚顶。卷棚顶最广泛见于我国北方地区的园林和民居之中，也被称为元宝顶。“屋面双坡，屋顶最上方没有突出的正脊。从梁架结构看，梁架最上方没有正中的脊檩，而是在上方两侧并列两个脊檩，上加弧形罗锅椽，使两坡相接处呈圆弧形。”①

8. 山墙

山墙，指建筑两侧上部似山尖，两边的山墙高于屋面。

9. 藻井

藻井，一般处于建筑室内部分最上方，是一种覆斗形的穹顶装饰。藻井具有不同的类别，包括方井套叠藻井、盘茎莲花藻井、飞天莲花藻井、双龙莲花藻井、大莲花藻井，几种藻井各具特色。

10. 吻兽

吻兽，指传统建筑中建造于屋脊上的装饰，因其外形为兽形，故名。兽类，在我国古代常常被赋予不同的含义，这一方面由于不同民族的图腾崇拜，另一方面源于古代的一些神话传说，于是古人常常把神话中仙人所支配的仙兽建造出来用于装饰，如龙、凤、天马、斗牛等。

11. 铺地

“铺地一般指建筑的地面，主要由砖石铺成。”② 在传统园林中，为了增加美观性，为了房屋防潮，古人常常会对地面进行铺妆。在明清时期，铺地最为常见，铺物的选择一般为砖瓦、卵石等，既能够直观区别主路与周边景观，又

① 龚鹏．旅游文化［M］．北京：北京理工大学出版社，2016:178.

② 龚鹏．旅游文化［M］．北京：北京理工大学出版社，2016:179.

能够体现古人的装饰智慧与想象力。

12.门钉

门钉，指钉在大门上的圆形突起。在我国封建社会，封建统治者对于门钉十分重视，他们认为门钉可以用于区分建筑所有者的等级。例如，明朝开国皇帝朱元璋曾把门钉的使用方法列为国家典章。在《大清会典》《会典事例》中都有关于门钉的规定。

13.照壁

照壁，是中国传统建筑的一大特色。关于照壁的由来有不同的说法，有一种说法认为照壁与中国传统鬼神思想、迷信思想具有紧密联系。按照传统观念，人们认为世间存在鬼神，为了防止“鬼神来访”，人们便修建了照壁，以阻挡小鬼的来路。另一种说法认为照壁与中国传统风水思想有关。不管哪种说法更为贴切，照壁确实具有挡风、遮蔽的作用，对于防风、保护隐私等方面确有其作用。

以上13种传统建筑的基本构件，构成了我国古代建筑的多样形式，更体现了古代劳动人民创造力与想象力的丰富性。在现代旅游活动中，无论我们身处哪些建筑旁，总能从中观察到上述构件。随着时代发展，不同构件也会发生细微变化，这都是我国旅游文化中不可忽视的一环。

二、夏商周时期的传统建筑

（一）夏、商

在距今5万年前，我们所熟知的华夏大地并非现在的面貌，当时中国刚刚进入氏族公社时期。作为我国文明发源地的黄河中游地区，出现了许多供原始人民居住的土穴，随着时代发展，这些土穴逐渐转变为陆地上的房屋，这时的先民开始以木质材料搭建房屋，揭开了中国传统建筑的第一页篇章。

公元前21世纪，我国进入历史上第一个奴隶制王朝——夏朝，这标志着奴隶制国家正式诞生。在这一时期，人们仍然主要生活在黄河中下游地带，逐渐拥有了一些基本的天文历法常识。原始社会时期，人们无法认清自然规律，缺乏与大自然对抗的能力与勇气，但这时已经初步具备了应对自然灾害的知识与能力。例如，人们积极改善河道，努力灌溉沟渠，并且有了建造城郭的活动。据文献记载，夏王朝曾经修建城郭沟池，修造监狱，修筑宫室台榭，这标志着我国传统建筑的开端。

公元前17世纪，我国进入了商王朝时期，这一时期我国的青铜器制造有了进一步发展，人们开始能够比较熟练地制造和使用青铜器，所以这时产生了许多十分精美的青铜器具，涉及生活用品、车马用品、武器装备等。商朝时期人们还掌握了比较成熟的夯土技术，这为之后的建筑发展打下了坚实的基础。到了商朝后期，人们已经能够修建具有一定规模、结构比较严密的宗庙与陵墓。同时，商朝时期部分文字已经在传统建筑中有所体现。另外，我国考古研究者也在不懈努力下发现了一些商王朝的古城遗址，如1983年在河南偃师二里头发现了一座宏大的宫殿遗址，该遗址由宫城、内城、外城组成。宫城位于内城南北轴线上，外城则是后来扩建的。宫城中已发掘的宫殿遗址上下叠压三层，都是庭院式建筑，其中主殿长达90米。

（二）周朝

周朝分为西周与东周（春秋战国），西周时期社会生产水平仍然稳步提升，不过比较剧烈的阶级矛盾已经开始出现，内外都存在着不安定因素，包括诸侯王自立与少数民族侵扰等。

公元前770年，周王朝完成东迁，此标志着春秋战国时期的开端。这一时期由于统治者尊重文化，形成了百家争鸣的局面，各行业、各领域都取得了比以往更快速、更高水平的发展，当然也包括建筑水平。

《考工记》记载了许多这一时期的建筑发明与建筑制度，包括当时王城的建设要求与建设思想等。在这一时期，建筑的风水之说开始盛行，大至都城建设，小至平民民居，都要考虑风水因素，这在当时的古籍《考工记》中具有比较详细的记载。《礼记》关于周朝宫殿建筑也有相关记载“楹天子丹，诸侯黑，大夫苍，士黈”。

另外，鲁班也是这一时期著名的建筑学代表人物。鲁班，人称公输班，被世人尊称为工匠鼻祖。几千年来，勤劳古朴的中国劳动人民一直对其抱有比较崇高的敬意，并创造了与之相关的诸多故事。相传，鲁班出生于匠人世家，从小就受到相关文化的熏陶，稍大一些之后便跟随家中大人参加建筑工程活动，耳濡目染学会了建筑的理论知识与实践技术。我们日常生活中常用的工具，包括钻、刨子、铲子、曲尺，以及画线用的墨斗等，据说都是鲁班发明的。

三、汉唐时期的传统建筑

进入秦汉时期，中国古人已经熟练掌握了夯土技术与砖瓦烧制技术，同时木质结构的建筑相比于商周时期已经有了明显提升，技术更加成熟，也更加注重建筑的美感。另外，直棂窗、人字拱等得到了广泛运用，同时建筑形制上也有了明显突破，增加了悬山、折线式歇山、攒尖、囤顶等多种形式。西汉与东汉曾先后建设规模宏伟的首都长安和洛阳。

汉末曹操又营建了规制整齐的邺城。文献描述的长安宫苑建筑的壮丽情况与近年来的考古发现相印证，说明汉朝建筑取得了很多重要进展，如当时已大量使用成组的斗拱木构楼阁，逐步代替了高台建筑。[①]

经历了强盛的汉朝，我国开始进入分裂动荡的魏晋南北朝时期，这一时期由于社会动荡、民族分裂、战争频发，社会生产力发展十分缓慢，甚至在某些行业出现了一定程度的倒退，这种情况也反映在了建筑文化上，此时的建筑文化也没有取得明显的进步。不过自东汉之后，佛教开始从东南亚传入中国，并在传入之后收获了大量的信徒，许多政府官员也在此时皈依佛门。

所以，这一时期出现了许多高层佛塔，而佛塔等建筑上也有较多佛教雕刻与绘画艺术体现。这一时期佛教建筑“异军突起”，在我国逐渐增多起来。“两晋南北朝时期新兴的宗教建筑，特别是佛教建筑的繁荣发展，是这一时期建筑史上的重要特点，出现了大量宏伟华丽的寺、塔、石窟和精美的雕塑。这些辉煌作品是当时匠师们在中国原有建筑艺术的基础上，吸收一定的外来影响而创造的艺术精品，同时影响了朝鲜和日本的建筑。”[②] 例如，北魏时期著名的僧人，最早在凉州地区学习佛经，同时兼修建筑造像艺术，后来曾主持山西大同云冈石窟的修建，这便是这一时期佛教造像建筑发展的典型体现。

隋唐朝时期，我国进入又一发展高峰，无论经济层面与政治层面，还是文化层面与艺术层面，都绽放出比此前更为灿烂的色彩。例如，隋朝建造了规划严整的大兴城，开凿了大运河，修建了安济桥等。

唐朝后，由于国库充盈、兵力强盛，我国传统建筑的规模也比以往更加宏大，建筑形式也更加丰富，主要建筑包括隋大兴城、唐大明宫等。建筑材料，在以木质结构为基础的前提下，加入了较多砖的应用，因此出现了相当数量的砖墓与砖塔，同时对玻璃的加工也明显增多。总之，建筑材料的选取愈发多样化。

四、宋朝以后的传统建筑

（一）宋朝

宋朝是我国传统建筑发生重大转变的关键期，在宋朝以前，传统建筑虽

---

① 龚鹏．旅游文化[M].北京：北京理工大学出版社，2016:174.

② 同上．

然有着一定程度的变化，但是其样式并不算复杂。进入宋朝后，社会中的文学艺术氛围越发浓厚，建筑的风格也开始更加注重文学意境和美感，这期间的砖石塔、墓葬、宫殿等开创了华美建筑风格的新篇章，同时建筑的部件也取得了全新发展，许多数据的搜集和计算方法都有所完善，并出现了归纳总结建筑经验的综合性文献《营造法式》。

《营造法式》是宋朝建筑学家李诫在参考工匠喻皓《木经》的基础上，结合自己的建筑学经验与见解编纂完善而成的建筑设计与施工规范书。全书 36 卷，357 篇，3 555 条，对于宋朝及以后的传统建筑发展产生了深远影响。该书表明了北宋时期诸多宫殿庙宇的建造方法与建造原则，具体包含模数思想的制定与运用、设计的灵活性、技术与经验的总结、装饰与结构的统一、建筑生产管理的严密性等。

另外，北宋时期我国在桥梁建筑方面有了重要的进展，出现了跨度较大的木构拱桥。例如，在如今的福建省泉州市洛阳江口就有北宋时期所建造的万安桥。万安桥长度近 100 米，是我国早期规模较大的木拱廊桥。著名桥梁专家唐寰澄曾在著作中表示，我国闽东地区的木拱廊桥在很多方面都是世界上其他国家所无法比拟的。著名桥梁专家茅以升也曾对中国木拱廊桥做出极高的评价，他认为横跨汴水的廊桥可谓中国桥梁历史上的“侏罗纪公园”。

（二）元朝

元朝，作为我国发展历史上的一个特殊时期，其历史沿革与相关文化也成为学者们研究的重点话题。元朝由蒙古族建立，其疆域之辽阔甚至超越了强汉盛唐时期。公元 1206 年，蒙古首领成吉思汗结束蒙古族内部纷争建立大蒙古国，随后率部消灭西夏、花剌子模等政权。公元 1279 年，忽必烈改元开国，根据传统典籍《易经》的内容定国号为“大元”，至此元朝首次出现于历史之上。

元朝时期最为人称道的便是其军事实力，全盛时期的元朝疆域东起日本海、东海，西抵黑海、地中海地区，北跨西伯利亚，南临波斯湾，势力十分庞大。辽阔的疆域必然需要严格的制度规范与坚固完善的建筑体系，加之这一时期外来使臣、传教士愈发增多，为元朝注入了许多新鲜的思想活力，所以元朝的建筑文化也取得了融合性的发展。

元朝最为人称赞的建筑典范便是元大都。元朝建立之初并未将都城定在大都，而定于偏北的元上都，元上都是如今的内蒙古锡林郭勒盟一带，由于上都距离中原太远，不便于元朝的统治，于是忽必烈开始筹划营建新都。

元大都应当具有比较重要的政治地位，忽必烈对此十分重视，命当时著名设计师刘秉忠进行规划。刘秉忠曾参加元上都的设计，具有比较充分的建筑设计经验，他经过多方考察，开始着手元大都的建造。在忽必烈的要求下，元大都地址选在如今的北京市区。

据记载，元大都于1267年开始动工，除刘秉忠之外，郭守敬等人也参与了都城的规划和营建。至公元1285年，历时二十年的建造工程终于结束，一座庞大的宫廷建筑群得以落成。

元大都包含体系庞大、规模完善、设计恢宏的宫城、宫殿、皇城、都城，周长约为28.6千米，面积约为50平方千米。元大都道路规划整齐，城墙用土夯筑而成，外表覆以苇帘。由于城市轮廓方整，街道砥直规则，所以城市格局显得格外壮观。另外，由于元大都的规模较大，城中建筑规划合理，城中的作坊、店铺、戏台等诸多娱乐性建筑取得了较好的发展，而且在众多街道的分割之下，元大都分为50坊，这在《析津志》等著作中都有所记载。

元大都还建有中心台，这种建造模式在我国之前的建筑中尚未出现，中心台建立于城市的正中心，中心台东部又有中心阁，中心阁西建有鼓楼，鼓楼位置即如今北京旧鼓楼大街，当时起到计时报时等作用，同时为都城之中的代表性景观。

如今，元大都主体建筑已不复存在，在旧址建有遗址公园，公园为带状，包含两段，分别为海淀段与朝阳段，为人们休闲、观光的好去处。

（三）明清

明朝时期，我国的建筑规模逐渐扩大，建筑所应用的各项装饰和材料种类也不断增多，出现了许多全新的建筑装饰。这一时期我国出现了越来越多的手工业者，实际上已经初步出现了与西方资本主义相似的发展趋势，而这一情况促进了明朝的制砖手工业发展，明朝砖瓦、琉璃瓦的生产都更胜从前。“明代制砖的质量和加工技术都有很大提高，砖雕艺术已很娴熟。由于大量应用空斗墙，节省了用砖量，推动了砖墙的普及。”[①] 另外，这一时期还出现了极具特色的建筑——无梁殿。无梁殿位于江苏省灵谷公园，建于1381年，整体没有一根木梁，完全用砖块堆砌而成，为当时极为罕见的建筑珍品。

清朝时，朝廷对于建筑的材料、结构、建筑方法等进行了更加细致的规定，如1723年颁布了《工部工程做法则例》，该文件统一了官式建筑的模数

① 龚鹏．旅游文化[M]．北京：北京理工大学出版社，2016:175.

和用料标准，并且对之前比较复杂的建造方法进行了简化。同时，清朝民间的建筑无论是在数量还是在风格上，都获得了一定程度的提升，不同民族的民居与建筑也更具特色。另外，皇家园林也有所发展，这一时期的皇家园林规模更大，建筑更加宏伟。

第二节 中国宫廷建筑文化

一、中国宫廷建筑的基本内容

中国建筑经过几千年的发展，走过漫长的风风雨雨，开创了辉煌的建筑文化。其中，宫廷建筑作为中国传统建筑的精华，彰显了皇族的威严，体现了我国传统建筑的最高规格，是无与伦比的文化瑰宝，并且给相关领域的专业学者与考古工作者提供了丰富的研究素材。

据考证，中国宫廷建筑在商朝时期已经初具规模，并且伴随时间推移与生产力发展不断发展。例如，秦朝时期的阿房宫已经达到了古人类建造能力的极高水平。又如，西汉时期于陕西省修建的未央宫也代表了传统建筑极高的造诣。未央宫宫墙一周约 8 900 米，相传高祖皇帝还曾因为修建该宫殿大发雷霆，认为过于劳民伤财，不过萧何却认为，皇帝作为国家的统治者，具有至高无上的权威，非如此宏伟建筑不能承受皇帝之威严与权力，于是未央宫得以继续修建。

中国宫廷建筑包括封建社会中皇帝的宫殿、坛庙、陵墓、园林、寺庙等，且在我国历史发展中，北京的宫廷建筑数量最多。宫廷建筑一般具有庄严、高贵、豪华等特点，由于古人一贯认为“君权神授”，认为皇帝是至高无上权力的象征，在一定程度上代表了上天的旨意，所以皇帝所居住和办公的场所必然要体现出宏大的特点。我国具有代表性的宫廷建筑主要有紫禁城、天坛、明皇陵、颐和园等，以上建筑均入选了“世界文化遗产”名录，为世界人民所熟知，已成为海外游客前往中国旅游的必到之处。

二、秦汉宫廷建筑

（一）秦阿房宫

阿房宫被誉为“天下第一宫”，是我国传统宫廷建筑中不可绕开的内容。

中华人民共和国成立之后，政府对于历史文物高度重视，在多年发展中不断提高了阿房宫在我国历史遗迹中的地位与影响力。2012 年，经国家文物局批准，阿房宫周边重要区域被建设为国家级考古公园，吸引了大量中外游客前往游览。

1. 秦阿房宫简介

阿房宫始建于秦朝。公元前 212 年，秦始皇下令在今山西龙首原西侧建造阿房宫，建造工程规模浩大，唏嘘的是在秦始皇去世之时，阿房宫仍未完全建成。秦始皇死后，秦二世胡亥继位，秦二世下令继续修建阿房宫。

然而，公元前 209 年陈胜吴广起义爆发，秦王朝由于苛政和繁重的徭役而摇摇欲坠，阿房宫再次停工。最终，秦王朝直到灭亡也没有将阿房宫修建完成。阿房宫作为国内最为宏观的宫廷建筑群之一，体现了中华民族劳动人民无与伦比的创造力，更体现了中华民族精湛的建造文化。

2. 秦阿房宫建筑布局

据《史记·秦始皇本纪》记载："先作前殿阿房，东西五百步，南北五十丈，上可以坐万人，下可以建五丈旗。周驰为阁道，自殿下直抵南山，表南山之巅以为阙。为复道，自阿房渡渭，属之咸阳……隐宫徒刑者七十余万人……咸阳之旁二百里内，宫观二百七十，复道甬道相连，帷帐钟鼓美人充之，各案署不移徙。"[①] 可见，阿房宫规模十分庞大，一部分为前殿建筑群，另一部分为上天台建筑群，不过如今阿房宫只留下了遗址。

（1）前殿。前殿为阿房宫的主体宫殿，根据我国考古研究所的研究，阿房宫前殿占地面积巨大，约为 800 亩（约 0.536 平方千米），以当代社会足球的面积作类比，大约相当于 90 个足球场的大小。

（2）磁石门。磁石门是阿房宫的重要门阙，之所以称之为磁石门，是因为该门的原材料为磁石。秦始皇为了防止心怀叵测之人做出行刺之举，特地命人取磁石做门，如有行刺者佩戴兵刃靠近石门，武器则会受到磁石吸引，从而难以顺利通过，以确保皇帝的人身安全。同时，引用磁石作门这种巧妙的设计，也是为了向其他外来之人彰显阿房宫的神奇，以显示华夏人民伟大的创造力。不过，关于磁石门的位置到底在何处这一问题，不同考古学者却有着不同的答案。例如，《三辅旧事》认为磁石门为阿房宫北阙门，《雍录》认为磁石门为阿房宫西门。20 世纪末，相关研究人员于阿房宫遗址北面发现夯土层，并推测此处可能为磁石门位置。

① 司马迁．史记 [M]. 北京：北京联合出版公司，2016:136.

（3）上林苑 1 号、2 号。2006 年，我国考古工作者经过考古发掘出上林苑 1 号、2 号遗址。上林苑 2 号与 1 号距离不远，是阿房烽火台的遗址，而上林苑 1 号遗址位于阿房宫前殿遗址西侧。随之出土的还有部分遗物，包括砖块、瓦当等材料，不过由于损毁十分严重，以至该遗址的具体范围与面积无从考证。

（二）汉长乐宫

1. 汉长乐宫简介

汉长乐宫，为西汉初年宫廷建筑群，是在秦朝兴乐宫的基础上改建而成的，位于长安城南部。长乐宫为国家 AAAA 级旅游景点，四季皆适宜游玩。

长乐宫的规模在秦汉时期已经算是十分庞大，其周长约 10 000 米，为了抵御外来侵略，特地制作加厚城墙，厚度为 20 米。长乐宫总面积可达 6 平方千米，相当于汉朝初年的长安城的六分之一。长乐宫年代久远，且此处曾发生过一些著名历史事件，如著名军事家韩信就是在长乐宫中为吕后谋杀。长乐宫东南两侧与城墙相邻，西北两侧分别为安门大街与清明门大街，俯瞰长乐宫，其整体形制为方形，较为规整，仅南墙有一处曲折，其余各处为直线，城墙四角也均为直角。任何历史遗迹都难逃火灾侵害，如紫禁城曾经历多次火灾，长乐宫也未能幸免。据记载，汉惠帝四年及汉成帝永始四年长乐宫均发生过火灾。直到西汉末年王莽新朝走向灭亡，长乐宫被攻入城中的赤眉军焚烧殆尽。

2. 汉长乐宫建筑布局

汉长乐宫建筑数量较大，著名建筑为长乐前殿、长信宫（即长信殿）、长定殿、长秋殿、永寿殿（即长寿殿）、永宁殿、临华殿、神仙殿、温室殿、椒房殿、建始殿、广阳殿、中室殿、月至殿、大夏殿、长亭殿、金华殿、承明殿。

（三）汉未央宫

1. 汉未央宫简介

汉未央宫，是我国汉朝时期规模较大的宫廷建筑群之一，宫内不仅包含各色建筑，还有各种亭台楼榭、假山奇石，宛如巨大的山水庄园，这种实用与写意并重的建筑风格给后世的宫廷建筑构建提供了一定的思路，并奠定了中国之后几千年建筑的格局。

公元前 200 年，汉高祖刘邦命萧何筹建未央宫，萧何在实地考察之后，结合当时的实际情况，在秦章台宫的固有基础上进行了完善与修缮。自未央宫建成之日起，经历新莽、西晋、前赵、后秦等多个朝代，未央宫一直作为统治者处理政务的重要场所，是目前中国历史上使用朝代最多、存在时间最长的皇宫。汉未央宫还是丝绸之路的起点。据记载，汉武帝时期张骞出使西域，从长安城出发一直到达罗马，横穿中亚大草原与沙漠，可谓凿空西域，而起点就是当时的未央宫。

1961 年 3 月 4 日，未央宫遗址被国务院公布为第一批全国重点文物保护单位；2014 年，在卡塔尔多哈召开的联合国教科文组织第 38 届世界遗产委员会会议上，未央宫遗址作为中国、哈萨克斯坦和吉尔吉斯斯坦三国联合申遗的“丝绸之路：长安—天山廊道的路网”中的一处遗址点成功列入《世界遗产名录》。以上荣誉进一步增强了未央宫的世界影响力，越来越多的国际友人开始注意到未央宫，并有越来越多的学者开始把科研的目光投入在未央宫相关史料与文物上。

2. 汉未央宫建筑布局

汉未央宫整体的建筑布局为长方形，与长乐宫分别伫立于汉长安城安门大街西边与东边，所以未央宫也被称为西宫。又因为中国古代以右为尊、以西为尊，所以未央宫是当时的皇室正宫，为帝王最主要的工作场所。未央宫内有三条主干路，其中有两条东西向的干路互相平行，另有一条干路横穿其中。

前殿是未央宫的主要建筑，位于未央宫正中央，也是未央宫最为重要的建筑，周边环绕其他附属建筑，包括北侧的椒房殿，椒房殿以北为天禄阁、石渠阁。天禄阁是当时的藏书机构，相当于如今的国家图书馆，天禄之名取天鹿谐音，因古时鹿为祥瑞之兽，所以无论是达官贵人还是皇亲国戚都希望与鹿有所关联。据记载，汉朝曾在天禄阁藏书几千卷，多名学者曾在此查阅相关资料，并进行书籍整理工作。例如，西汉著名的思想家杨雄以及历史学家刘向等人，都曾于此主持过规模浩大的校勘工作。另外，为广大人民群众所熟知的《史记》的作者司马迁也曾在此翻阅过大量典籍，从而成就了“史家之绝唱，无韵之离骚”的佳作。石渠阁存放当时官员的档案，之所以命名为石渠阁，是因为该处以石头为渠进行导水。前殿的西侧有中央官署等建筑，中央官署附近也有池苑区，供皇帝闲时散步之用，可见此时的建筑已经考虑到建筑使用者的体验与感受，并非只关注建筑的实用性。

总之，未央宫是西汉时期皇帝最为重要的生活和工作场所，其中的各项设置与建筑都极其考究，无论是规制还是选材，都属于当时建筑界的最高水平。因此，当时国内诸多重大事宜均在未央宫举办，包括登基大典、重要朝会等。

（四）汉建章宫

1. 汉建章宫简介

汉建章宫，西汉时期著名宫廷建筑，虽然今人谈及汉朝宫殿首先想起的总是未央宫，但是曾几何时，建章宫的声誉甚至超越了未央宫。建章宫建造于公元前 104 年，当时汉武帝刘彻考虑到交通的便利性，希望能够从未央宫直达建章宫，于是下令进行兴建工作。

建章宫建成后，汉武帝十分喜悦，时常“转移阵地”，前来建章宫处理政务，兴致较高时也会在此举办一些雅会，与群臣共同庆祝。建章宫已经不复存在，但是经过考古学者的大力发掘与勘测，可以推测出建章宫遗址位于三桥镇北的高堡子、低堡子等村一带，在汉长安城直城门外的上林苑中。目前，在这一区域附近，也可以发现保存下来的前殿、双凤阙等遗址。

2. 汉建章宫建筑布局

从建章宫布局来看，圆阙、玉堂、建章前殿、天梁宫全部处于同一条直线上，相当于建章宫的主干道、中轴线，而在这条线两侧分布有其他建筑，包括太液池、三神山、璧门等。太液池建在建章宫北部，是一片面积较大的人工湖，湖水清澈，水中有鱼、草，其中建有假山，以神话传说中蓬莱、方丈、瀛洲命名，这种“一池三山”的景观建筑模式也给了后世建筑一些新的启迪与思路。

神明台也是汉建章宫中的特色建筑。相传，汉武帝十分喜好神仙方术，希望通过某些手段使自己长生不老，也曾多次派遣人员出海寻访仙山和仙药。为了体现自己虔诚的求仙思想，汉武帝下令于公元前 104 年修建神明台，耗时 4 年才修建完成。神明台体型庞大，高 50 丈（约 166.7 米），台上有铜铸仙人，仙人呈站立姿态，手托巨大铜盘，铜盘名为“承露盘”。相传，汉武帝“求仙若渴”，甚至到了痴迷的地步，认为喝了仙人的琼浆玉液就能够长生不老成为仙人，特地打造“承露盘”取长生之意，以便与上天的神仙相沟通。

三、隋唐宫廷建筑

隋唐时期，我国传统建筑取得了较大发展。隋朝虽然历史较短，在建筑发展历史中只占据了比较短的“篇幅”，但是其对于建筑文化发展也意味深远。一方面，隋朝建筑承接之前建筑传统文化，沿袭了诸多宝贵的建筑文化艺术；另一方面，隋朝建筑开启了唐朝建筑新格局，实现了中国传统建筑的重要过渡。

（一）隋大兴城

隋朝（581—618），是我国历史上比较特殊的一个朝代，历时较短，仅三位帝王，分别为隋文帝、隋炀帝、隋恭帝。然而，隋朝却结束了我国古代历史上自汉末、两晋、南北朝时期以来多年的纷争战乱之局面，实现了华夏大地久违的统一，并为强盛的唐朝打下了基础，许多唐朝时期仍在使用的基础设施均为隋朝所兴建，包括为人所熟知的隋大兴城、京杭大运河、隋朝长城、通济渠等。其中，隋大兴城建立了唐朝长安城的基本轮廓。

1. 隋大兴城简介

隋大兴城始建于公元6世纪末的陕西西安地区，此时大兴城作为隋朝的都城而存在。然而，大兴城落成后仅20余年，隋朝便东迁于洛阳，此时大兴城便沦为“陪都”。不过，大兴城在当时仍然属于我国最大的都城，其辉煌程度不亚于唐朝时期的长安城，当时一些外文典籍中亦有关于大兴城的记载。

隋朝建国后，隋文帝便一直在思考一个问题，既然隋朝作为统一王朝，必然要有属于自己的新都城，其规制、规模等都应与此前的宫廷建筑不同，必然要体现出隋朝这一新王朝的特点。同时，当时老旧城建弊病百出，时常在阴雨时节发生各种灾害，城中供水、排水问题不断，甚至生活用水的质量也难以保障，这些问题更加深了隋文帝建设新城的决心。

既然要建设新的都城，首先要面临的问题便是城址选在何处。隋文帝认为，关中之地沃野千里，资源丰富，底蕴雄厚，又有秦岭横断东西，是一道天然屏障，实为都城之首选。但最终，关中地区龙首原一带以其更为优越的环境成了隋文帝心中理想的都城选地。龙首原的优势具体体现在两方面：一方面，龙首原在传统风水文化中属于绝佳之地，相传曾有黑龙于此地饮水，而龙首原则为此神龙所化；另一方面，龙首原地势平坦，适宜兴建土木。

公元582年，隋文帝命宇文恺设计并监造隋大兴城，于次年春落成，由于隋文帝曾被封为大兴公，于是命名该城为大兴城。大兴城落成后，隋文帝与隋炀帝均致力于工程建设，为唐朝建设夯实了基础，而唐朝沿用大兴城，并将其打造成了国际化城市。据史书记载，安史之乱之前的盛唐时，大兴城内人口高达百万。不过任何朝代也逃不过物极必反的规律，安史之乱后，长安城遭到严重破坏，大兴城中许多设施遭到拆毁，后来在战乱与分裂之下，大兴城不断被修整、缩减，后被称为“新城”。

2. 隋大兴城建筑布局

隋大兴城规模宏大，整体形状为长方形，东西长度约为9 721米，南北宽度约为 8 651 米，周长逾 30 000 多米，总面积达 84.1 平方千米。

隋大兴城包含三部分，分别为宫城、皇城、外郭城。其中，宫城位于整个城的北部中央一带，为皇室与贵族的居住之处，是大兴城中的风水宝地；皇城与宫城南部相连，为官衙与宗庙之所在；外郭城为全城最外部，为官民住宅、寺观、商业区。宫城、皇城、外郭城平行排列，其中宫城代表紫微星，皇城围绕宫城，象征着众星烘托北极星之势，正所谓“为政以德，譬如北辰，居其所而众星拱之”，代表了历朝历代君王治国理政的主要思想，包含了天人感应、皇威浩荡、君权神授的封建神秘思想体系。

隋大兴城沿袭此前的部分建筑风格，总体布局整齐、笔直，道路排列整齐、富有层次感。同时，其在规制上避免了俗套，在设计中富有新意，体现了隋朝在建筑艺术方面的提升。外郭城有 9 座城门，以及 14 条东西大路与 11 条南北大街，这 25 条街道为大兴城的主体街道，把外郭城划分为 109 坊与两个市。

总的来看，大兴城保留了之前传统宫廷建筑的风格，注重风水，在建筑命名、定位上均有其象征性。同时，大兴城也致力改造之前建筑的弊端，克服水利方面的不足，开创了富有隋朝特征的建筑格局。

（二）唐大明宫

唐朝（618—907），是我国历史上影响力最大、综合实力最强的朝代。在经济上，均田制持续稳定推行，极大地稳定了我国的农业发展，使得我国南部与北部经济齐头并进；在政治上，推行三省六部制，尚书省、中书省、门下省互相制衡，政治清明，形成了一套十分严密的官制体系；在选官上，沿用隋朝科举制，并做了适当调整，科举制相比于世卿世禄、察举制等方式具有更为公平的特征，打破了之前世袭做官的传统，为朝廷输送了大量人才，明显降低了官官相护、结党营私情况出现的概率；在文化上，大力支持国内传统文化继承与发展，同时鼓励吸收外来文化，因此当时的长安城成了世界优秀文化的“集中地”。唐大明宫则产生于这样一个繁盛时代。1961 年，大明宫遗址被中华人民共和国国务院公布为第一批全国重点文物保护单位 。2021 年 10 月 18 日，大明宫遗址入选“百年百大考古发现”。

1.唐大明宫简介

唐朝初年，唐高祖李渊居住于隋朝所建立的大兴城太极宫中，太极宫在星象上对应天空中的北极星，具有良好的寓意。然而，大兴城也存在设计上的不足，如过于追求风水星象，忽略了实际的地理情况，因为太极宫所处之地低洼，而长安城又多雨，所以太极宫非常潮湿燥热，久而久之唐高祖李渊身体即大不如前。

于是，为了改善居住环境，也为了彰显唐朝国威，李渊决定建造一座新城，于是大明宫的筹建工作便拉开了序幕。关于大明宫的设计者，目前已经无从考证，根据留存的资料来看，我们可以确定当时担任将作大匠的为唐代著名画家阎立本。当时，阎立本与其父兄均为朝廷重要官员，曾为唐朝建设献计献策，包括设计了翠微宫、玉华宫、昭陵等。阎立本秉承父兄之志，致力研究绘画艺术与建筑艺术，为唐朝建筑提供了宝贵的建设思路。

大明宫，于公元634年始修建，起初名为“永安宫”，原因是这一时期唐高祖李渊身体日渐衰弱，而“永安”为身体健康安泰之意，希望唐高祖身体能够逐渐好转，后于635年更名为大明宫。然而事与愿违，仅在大明宫开始建造半年后，李渊便于大安宫驾崩，大明宫的修建随即宣告停止。此后的十余年，建设工程都未再次开展，可见唐大明宫并非于贞观年间建造。有学者曾推断大明宫为贞观年间建造为不实之说。

后来，唐高宗李治即位，由于高宗李治素来身体较弱，时常受到风湿病的侵袭，又由于太极宫地势低洼，令高宗苦不堪言，于是其再度想起大明宫这一工程，于公元662年继续修建。据记载，当时高宗命梁孝仁负责大明宫的建造安排，“遣司稼少卿梁孝仁监造”。由于高宗身体日渐衰弱，新宫的建造进度较快，不久便已落成，此奠定了大明宫的基本格局。

公元726年，唐玄宗对大明宫进行了改建与修缮，于大明宫东宫墙外额外增加了一堵城墙。8世纪中期，安史之乱使国库消耗殆尽，大明宫即遭遇“冷落”，修缮与维护无专人负责。9世纪初，唐朝进入中兴时期，唐德宗、唐宪宗均对大明宫进行了一定的修缮，如唐德宗曾在麟德殿增建了会庆亭等建筑。公元880年，黄巢军攻入长安，这对大明宫造成了一定程度的损毁，但是其主要建筑与规模得以保存。几年后，李茂贞又再次对大明宫进行了焚毁，此次大明宫损失严重。公元904年，朱全忠下令废毁长安城和宫殿，至此大明宫被焚毁殆尽。以上为大明宫历史上所遭遇的三次浩劫，至此，曾经辉煌一时的大明宫沦为了历史长河中的一粒尘埃，曾经的繁华烟消云散。

2. 唐大明宫建筑布局

唐大明宫的选址在长安龙首原北侧，宫城形状与大兴城有所不同，其南部为长方形而北部为梯形。大明宫的主体建筑为丹凤门、含元殿、宣政殿、紫宸殿，此外还有巨大池苑——太液池，为皇家休闲娱乐场所。

（1）丹凤门。丹凤门为大明宫的正南门，“丹凤”取丹凤朝阳祥瑞之意，寓意唐王朝处于上升阶段，王朝各方面蒸蒸日上。丹凤门是唐朝皇帝进出宫城的主要通路，皇帝日常出行均由丹凤门通过；在重大节日与政治活动时，丹凤门也作为重要场所，包括登基、改元等事宜。丹凤门有 5 个门道，其规模之大在历史上无出其右，有专家曾断言丹凤门为中国第一门，即使是天安门，在宽度上也难与丹凤门匹敌。据测量，丹凤门城门墩台台基长度为 74.50 米，宽度约 33 米，此外还包含极宽的马道。

丹凤门上面建造有气势恢宏的丹凤楼，与大明宫北部三大殿遥相辉映，展现出了宫廷蓬勃之气势。丹凤楼可谓丹凤门之关节所在。丹凤门规模巨大，建立于其上的丹凤楼需要与其规模保持一致，这也是出于美观与体现皇威气势之需要。不过，如果完全按照丹凤门的尺寸来建造，丹凤楼的尺寸将比正殿含元殿还要庞大，这与建筑的一般要求相违背，也与宫廷建筑传统有所冲突，这给工匠带来了新的挑战。他们最后经过测量决定做出新的规划，将含元殿的长度缩短，如此一来，即使丹凤楼的长度达到 70.82 米，超过了含元殿，但是由于其宽度较短，总体规模仍不及含元殿。

丹凤门外还建有两个坊，分别为翊善和永昌，后来唐高宗继续扩大其规模，在此两坊基础之上又增设了光宅、来庭，以上四个坊共同构成了一个小广场。

（2）含元殿。含元殿是大明宫的正殿，宫殿位于三重高台，台基高 15 米，东西长度 77 米，南北宽为 43 米，与丹凤门互相呼应，为大明宫中最壮观的两座建筑。

含元殿遗址位于丹凤门正北方向，距丹凤门四百余步，是长安城最宏伟的建筑。俯瞰含元殿，其形状似“凹”字。由于历史等综合原因，含元殿现存台基东西长 75.9 米、南北宽 41.3 米，台基高度仍为 15 米。

在含元殿可以俯瞰长安城，将长安城的大小景观总览无余，所以其为绝佳观景之地。殿外四周有宽 5 米的副阶，台基下周砌散水砖。殿前有长达 78 米，当时称为“龙尾道”的 3 条平行阶梯和斜坡相同的砖石道路通向地面，中间道宽 25.5 米、两侧各宽 4.5 米。同时，曲尺形廊庑沟通殿左右两侧稍前处的翔鸾、栖凤两阁，均高出地面 15 米。

含元殿遗址中出土了大量表面黑色光亮的陶瓦，因为当时殿顶的屋面用瓦，另外还出了一些琉璃瓦片，估计此殿的檐口使用了琉璃剪边的做法。在台基四周出土了残石柱和螭首石刻残块多件。翔鸾阁北廊道的西侧出土了许多铁甲片及矛头 10 个，推测是在兵火战乱中被遗弃的。唐代许多重大庆典和朝会多在含元殿举行，其建筑形制极为威严壮观。

（3）宣政殿。宣政殿为大明宫中地位仅次于含元殿的第二大殿，虽然地位稍次于含元殿，但是其规模大小却与含元殿并无明显差异，主要是皇帝日常理政之所。

宣政殿的使用主要包含以下几方面：第一，望朔受朝。第二，常朝。常朝是皇帝主要的听政活动，其频率是根据当时的情况而定，无需每日举行。第三，皇帝躬亲。第四，传玺，即位。第五，殿试举人。第六，读时令。读时令肇始于魏晋时期，当时统治者需要在每年的主要节气来临之前读时令，以改变服装，以顺应时令。第七，五月一日召集群臣。统治者会在每年的五月一日召集群臣，开展大规模宴会活动。第八，接见番邦使节。

（4）麟德殿。麟德殿与含元殿、宣政殿不同，它并非朝见群臣或治理朝政之所，而是皇帝开展宴会活动，即设宴款待群臣、共同观看表演的休闲场所，有时也用于宴请外来使节，即开展外交活动等。

关于麟德殿，民间还流传着这样一则故事：相传唐高宗李治喜欢散步，有一次他在太液池附近散步游玩，突然看到地上留有一个脚印，而该脚印与人的脚印不同，唐高宗李治定睛一看，发现竟是神兽麒麟的脚印。而在中国古代，麒麟素来是祥瑞文化的代名词，李治认为这是难得一见的吉祥之兆，认为脚印处为宫内最为祥瑞之地。于是，唐高宗李治下令在脚印处建造了一座巨大的宫殿，命名为麟德殿。该传说的真实性无从考证，但是从中却可以看出中国古代注重祥瑞、注重征兆的传统观念，这种观念长期存在于我国宫廷与民间，逐渐成为中国传统思想体系中不可或缺的文化符号。

（5）太液池。太液池建于唐大明宫北部区域，位于目前西安市未央区，是唐朝时期最为著名、规模最大的皇家池苑，开启了皇家园林建造的全新范式。太液池共分为两部分，分别为东池与西池，二池大小不同，西池略大而东池略小，各具特色。西池池面形为椭圆，而东池池面为圆形，深度在2米到3米之间。太液池建成之初，唐高宗李治对其极为喜爱，时常于政务之余到太液池游玩。然而，由于唐朝末期种种原因，太液池最终被废止。

太液池并非单独的两个水池，而是在水池中建有“仙山”，这种建筑方式实际上古已有之。秦始皇在初步统一六国之时，就已经命人修建宏伟宫殿，并要求修建宫殿中的水池时，要在水池中加入点缀，而这些点缀便是“仙山”。汉朝时，建章宫中就曾建有太液池，在池中建有模拟《十洲记》中三仙山的假山，分别为“蓬莱”“方丈”“瀛洲”。唐朝大明宫太液池借汉朝太液池之名，也继承了“一池三山”的建造形式，既保存了之前的风格特色，又以更加熟练与完整的手法建造出了更加美妙的“池山”景观。

另外，太液池池岸由黄土与淤泥共同夯筑，夯筑面积有所不同。在池岸上修建有形态各异的廊庑与院落，为太液池增添了许多特色。这些点缀式的建筑各具特色，据记载大约有400间，一直从太液池旁连接到宫殿建筑群。此后，这种点缀式的修建手法为后世许多皇家园林所借鉴。

经过考古发现，太液池周边出土了大量精美的文物，有些文物为唐朝时期所生产，有些文物为唐朝之前便已存在，推测只是曾于唐朝时期保存于太液池周边的建筑之中。例如，砖瓦石构件、陶瓷器、铜铁器饰、骨器、玻璃串珠、贝雕残片、封泥残块等。

3. 唐大明宫旅游指南

目前，唐大明宫主体建筑虽已不复存在，但是该处兴建有唐大明宫国家遗址公园，已成为深受国内外游客喜爱的旅游景点（表2-2）。

表2-2 唐大明宫旅游指南

饮食	肉夹馍、凉皮、羊肉泡馍、肉丸胡辣汤、岐山臊子面、灌汤包、biangbiang面、荞面饸饹、浆水鱼鱼
交通	公交： 大明宫丹凤门站（推荐）：2路，262路，528路，717路 太华路沿线： 大华1935站：2路，16路，17路，22路，38路，46路，104路，200路，209路，216路，263路，287路，289路，309路，528路，703路 大明宫国家遗址公园站：2路，17路，22路，38路，104路，200路，209路，216路，263路，289路，309路，703路
交通	大明宫国家遗址公园含元殿站：2路，17路，22路，38路，104路，200路，209路，216路，263路，289路，309路，703路 地铁： 乘坐西安地铁4号线到达含元殿站、大明宫站下车；乘坐西安地铁2号线到达安远门站后，可在北关站乘坐公交车至大明宫丹凤门站下车
票务信息	全票：60元/人 半票：30元/人。6周岁（不含6周岁）~18周岁（含18周岁）未成年人、全日制大学本科及以下学历的学生持本人身份证或学生证等有效证件购票，享受半票政策优惠 免票： （1）65周岁（含65周岁）以上的老年人凭本人身份证（或敬老优待证）享受免票 （2）残疾人凭残疾证享受免票

续　表

票务信息	（3）中国人民解放军和武警部队现役军人（含军队离退休干部）、军队院校学员、革命伤残军人及警察，凭军官证（离退休证）、文职干部证、士官证、士兵证、学员证、军残证或警官证享受免票 （4）6周岁（含6周岁）以下或身高1.2米（含1.2米）以下的儿童实行免票。身高超过1.2米（不含1.2米）但年龄未超过6周岁（含6周岁）的儿童需出示本人户口本或出生证等有效身份证件以享受免票
主要景观	梨园、左银台门、大明宫遗址博物馆、紫宸殿、太液池、麟德殿、考古探索中心、含元殿、丹凤门

（三）唐兴庆宫

兴庆宫为唐朝长安城内三大宫殿群之一，是唐朝建筑艺术的典范，体现了全盛时期唐朝社会的基本面貌。20世纪中叶，我国考古学者的研究进度不断推进，同时有关部门于兴庆宫遗址处建设了兴庆宫遗址公园，位于如今的西安市碑林区咸宁西路，该公园适宜四季游玩，彰显了旅游建筑文化的深厚历史底蕴。

1. 唐兴庆宫基本介绍

兴庆宫是唐玄宗李隆基还在做藩王时所居住的府邸，当时兴庆宫叫作隆庆坊。公元712年，唐玄宗李隆基登基，之后为了避讳而将隆庆坊更名为兴庆坊。公元714年，唐玄宗将自己其他几位兄弟的府邸全部迁到了兴庆坊之外的相邻府邸，同时为了进行区分，将兴庆坊更名为了兴庆宫。

此后的30年间，兴庆宫一直在不断兴建与完善。公元720年，兴庆宫中新建了花萼相辉楼和勤政务本楼，前者有天下第一名楼之称号，每到春夏时节，花萼楼附近各种奇花异草争相斗艳，玄宗时常在闲暇之余与群臣互相交流，赏花怡情；后者则是唐玄宗为了督促自己勤于政务而修建的一座建筑，当时各种重要场合、重大典礼均于此楼举行，包括科举、改元等。据考古测量，在勤政务本楼正前面有一个东西宽469.4米，南北长256.83米，面积为120 556平方米的勤政务本楼广场。公元732年，兴庆宫外郭城又增加了一道夹城，为贵族前往其他宫廷建筑群提供了极大便利。例如，皇家人员可以从兴庆宫出发，避免绕路，直接前往大明宫。公元751年，兴庆宫中又增建了交泰殿，此时兴庆宫规模基本确立，此后并未出现过多明显的增建活动。可惜的是，由于安史之乱等种种历史原因，兴庆宫逐渐没落，与昔日繁盛之况形成强烈反差，最后沦落到了被毁的地步。

2. 唐兴庆宫的建筑布局

兴庆宫虽然属于唐朝长安城三个宫殿群之一，是唐朝宫廷建筑的典范，但是其规模并不大。唐玄宗即位之时，时常以勤于政务、节俭倡廉要求自己，希望以身作则，带领官员们都形成一股“清流”，于是在兴庆宫的修缮与增建上都比较节约，气势难以匹敌大明宫。不过唐玄宗励精图治，使唐朝积累了雄厚的资源，于是在中后期也对兴庆宫进行了扩建。兴庆宫规模最大时占地东西1 080米，南北1 250米，总占地达2 016亩（约1.35平方千米）。

兴庆宫为长方形，四周一共建有六座城门，正门为兴庆门，此外，还有金明门、金花门、初阳门、跃龙门、通阳门及明光门等，均取良好寓意，代表唐王朝永远保持蓬勃生机。

兴庆宫内大致分为南北两部，与此前的宫殿群不同，兴庆宫北部为宫殿区，南部为园林区。园林区内有龙池，龙池处于园林区的中心处，面积较大，东西长度逾900米，东北岸边还建有沉香亭、百花园等。

四、明清宫廷建筑

明清时期，宫廷建筑已经逐渐标准化、定型化，有关部门对于宫廷建筑有了更加全面、细致的规定，如《工部工程做法则例》《营造法式》《园冶》等。

（一）紫禁城

紫禁城，为北京故宫的旧称，是中国明朝与清朝时期的皇家宫殿，位于北京城中轴线的中心，共包含大大小小宫殿70余座，房屋将近一万间。紫禁城是世界上现存规模最大、保存最为完整的木质结构古建筑之一，是国家AAAAA级旅游景区，1961年被列为第一批全国重点文物保护单位，1987年又被列为世界文化遗产。

1. 紫禁城简介

公元1406年，明成祖朱棣下诏要求以南京皇宫为原型，兴建北京皇宫，自此，紫禁城的建造便初步开始。朱棣派遣部分人员实地勘察，并前往国内其他地域找寻质地优良的石料与木材，然后又派人前去接应，共同把大量的材料源源不断地运往北京，仅此一项工作便整整持续了11年。例如，当时有一种十分珍贵的木材为楠木，许多人为了找寻和搬运楠木前往深山老林，有的甚至丢失了性命。

公元1416年，建造皇宫的石料与木材已有一定余量，朱棣为了快速建造皇宫，特地召集群臣，与群臣商议正式建造皇宫与之后的迁都一事。此时偶有臣工提出反对意见，却遭到朱棣的严厉惩罚，此后再无人敢言。公元1417年，兴建活动正式开启，3年后，北京皇宫与北京城基本落成。

值得注意的是，紫禁城虽然于1420年修建完成，但此时的紫禁城并非我们今天所见到的样貌，经过几百年的风雨，紫禁城经历多次动荡与浩劫。公元1424年，紫禁城就发生了大火，城内前三殿由于救火不够及时而被焚毁殆尽。公元1440年，皇帝下诏重建前三殿。公元1557年，紫禁城再次发生火灾，此次火灾规模更大，不仅前三殿，乃至奉天门、文武楼、午门均被焚毁，4年后重建完毕，并将三大殿更名为皇极殿、中极殿、建极殿，名称取自《周易》。公元1597年，紫禁城第三次发生大火，前三殿与后三宫被烧毁，之后由于种种原因，紫禁城的复原和重建工作并未快速开展，直至公元1627年才正式修缮完成。

公元1644年，李自成率军攻入北京城，强盛一时的明王朝自此宣告终结。好景不长，李自成的大顺王朝并未稳固，就不得已撤离北京，在撤退时李自成下令焚毁紫禁城。紫禁城此次事故与以往不同，为刻意为之，其损失规模十分巨大，仅武英殿、建极殿等4所宫殿与四周角楼和皇极门得以保全，而其他建筑悉数被毁，造成了难以想象的损失。同年夏秋之交，顺治皇帝迁都北京并下令重修紫禁城，历经将近40年，至公元1683年紫禁城终于被基本修复完成。

公元1911年进入民国时期，但是当时的民国政府并未把紫禁城收归国有，而是按照《清室优待条件》，准许清帝溥仪继续居住其中。1949年，中华人民共和国成立，政府对历史遗迹和文化提起高度重视，并对紫禁城做了大规模的修缮。随着时代发展，尤其是进入21世纪之后，国内外前往故宫旅游的游客只增不减，足见我国政府所采取的故宫设施与文物管理措施的正确性。

2.紫禁城建筑布局

传统宫廷建筑由于其特殊性与象征性，都具有特定的规制，以紫禁城为例，这一特点尤为突出。例如，紫禁城在建筑布局上要求皇帝居于“中”，这与我国传统文化“中和”一脉相承。传统文化中认为“中”是最为尊贵的方位，正如《吕氏春秋》云：“择天下之中而立国，择国之中而立宫。”[①]可见，“中”的观念在我国由来已久，并且深入人心，是建筑文化需要遵循的准则。

除了“居中”思想之外，紫禁城还要满足帝王皇室的各种需要，其环境、规模、体制等都具有比其他建筑更高的要求，具体包含如下几方面。

第一，紫禁城有宽52米的护城河。紫禁城在开建之初，曾在四周开挖

① 吕不韦.吕氏春秋[M].臧宪柱，译.北京：北京联合出版公司，2019:102.

护城河，引大量河水进入内城与外城之间，以便完善紫禁城的防御工事。同时，工匠们将数量庞大的土方运送至城北，久而久之形成了山丘，即今日的景山。景山一共有五座山峰，其形态各异，严峻陡峭，仿佛保卫着紫禁城。公元1751年，清朝乾隆皇帝发现景山是一处风水绝佳之地，便下令于景山五峰之上分别建亭，成为当时皇家的休闲疗养之所。

第二，紫禁城以轴线为分隔点，将其分为两部分，左右对称，根据不同活动，形成了外朝内廷的建筑布局。南半部为外朝，主要包含太和、中和、保和三大殿，此外还有些其他建筑。这三大殿均被建立在高度为8米的汉白玉石台基上，这样的高度给三大殿赋予了更多的尊贵感与庄重感。三大殿外左设文华殿，右设武英殿，两殿左右呼应，分别伫立于三大殿双侧。北半部为内廷，内廷为皇帝下朝后日常起居的场所，包括处理政务、娱乐休闲等活动。内廷以乾清宫、交泰殿、坤宁宫为中心，在三宫左右建有嫔妃用来居住的六宫，分别为东六宫与西六宫。另外，乾清宫东北、西北有皇子居住的乾东、乾西五所。

第三，紫禁城总体布局“崇文尚礼”。“礼”文化素来是我国重要的文化面貌，“克己复礼”“不学礼，无以立”“往而不来，非礼也；来而不往，亦非礼也”均表明了“礼”对于我国文化构成的重要性，紫禁城作为宫廷建筑的代表，自然也要将“礼”文化纳于其中。关于“礼”的思想在我国周朝时期已经基本形成，进入汉代后，在董仲舒的建议之下，汉武帝“罢黜百家，独尊儒术”，自此开启儒家独尊的局面，而作为儒家核心的“礼”就成了古代人日常行为的重要准则与规范。为了将“礼”文化体现在紫禁城的建筑上，紫禁城建筑多按照礼制要求区分为不同的等级，同时根据传统礼制所建造的建筑无论在外形还是应用上，都更加严谨规范。例如，帝王居住的宫殿都具有“大”“高”“贵”等特点，以配合君王尊贵的身份，而其他建筑的高低大小，也因建筑主人的身份尊卑各有差异。

第四，紫禁城建筑遵循传统阴阳五行文化。阴阳五行学说产生于遥远的夏朝，并于春秋战国时期普遍发展起来，该学说为中国传统文化重要构成要素，认为世间万物都有其五行属性，并且按照既定的规律运行，这在紫禁城的构建中有所体现（图2-1）。紫禁城建筑的颜色、方位、装饰等都要以五行学说为原则。例如，五行包含“金”“木”“水”“火”“土”，分别与不同的方位、色彩等一一对应。“土”的方位为中，代表王朝的统治者居住中央，统领万方；“木”的方位为东，颜色为绿，代表生长、发展、繁衍，工匠常常将太子的居所建造于东部；“火”的方位为南，颜色为红，南门午门为红色；“水”的方位为北，紫禁城北部钦安殿供奉有玄天大帝，同时在钦安殿中还装有一块双龙水纹；“金”的方位为西，代表收藏、保存，常常安排太后居住在紫禁城的西部，取吉祥之意。

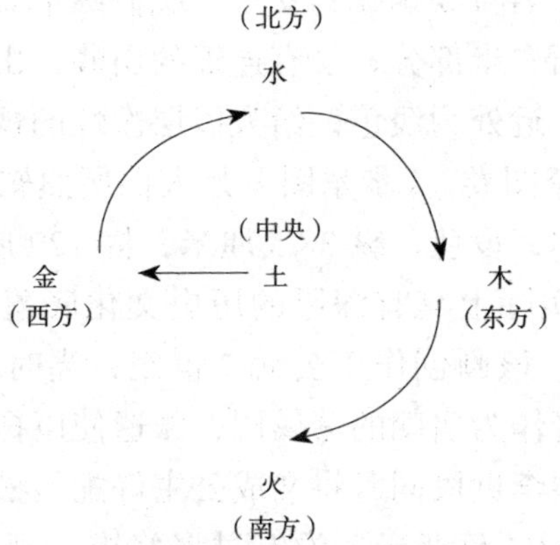

图 2-1 五行方位图

3. 紫禁城珍藏文物

故宫中有大量珍藏文物，据有关部门统计，文物总数约有 1 052 653 件，占全国文物总数的六分之一。可见，紫禁城不仅是我国建筑艺术的瑰宝，而且是一个巨型的文物宝库。例如，城中包括历史艺术馆、绘画馆、青铜器馆、玩物馆、珍宝馆等。

（1）书画类。故宫中存有大量珍贵绘画，共计 50 000 多件，存有《兰亭序》《中秋帖》《伯远帖》这样的重要书法藏品一共 75 000 件，此外还有 2 800 件碑帖。

其一，顾恺之洛神赋图卷（宋摹）。该图是根据三国时期曹操之子曹植的诗作《洛神赋》而创作，绢本，设色，纵 27.1 厘米，横 572.8 厘米。

前半段画面背景为山水之间，洛水之滨，树木葱郁，画面左上角有一轮红日，展现了曹植在洛水之滨与洛水女神相见的场面。曹植身体微微前倾，做出向前迎合之态，身边陪伴侍从约八人，均于曹植身侧、身后，洛水女神身姿轻盈、身形婀娜、时隐时现。后半段与前半段的情景有所不同，给人一种惋惜之感，洛神驾六龙云车离去，玉鸾、文鱼、鲸鲵等相伴左右，洛神回首张望，依依不舍，一种无奈离析之情显现画面。

其二，展子虔游春图卷。该图为隋朝画家展子虔所作，绢本，设色，纵 43 厘米，横 80.5 厘米。

该图属于绘画作品中的山水画类别，表现了人们在一个风和日丽的下午外出游玩的场景，画面风格总体比较轻快，与画中人物出游喜悦之情相得益彰。画面中占比最大的为一面波光粼粼的湖面，湖面中央有一艘小船，仔细观察可以发现小船上有几名身姿婀娜的女子，她们纵情观赏周边的山水，泛舟湖上、流连忘返。在画面右半部分，绘有连绵的山峰，山峰颜色有明显的层次变化，远处山峰为青色，近处为浅色，给人以层次性的视觉享受。

其三，阎立本步辇图卷。《步辇图》是人们所熟知的著名画作，由唐朝大画家阎立本所作，绢本，设色，纵 38.5 厘米，横 129 厘米。

该画看似简单，实际上具有深厚的历史文化底蕴，表明了当时我国作为天朝上国的尊贵地位。该画创作于公元 7 世纪，当时我国正处于唐朝开国初期，国力强盛，而吐蕃作为唐朝的藩属国，派遣使臣禄东赞前来朝拜，并向唐太宗李世民求亲，希望李世民同意将文成公主许配给松赞干布。

画面背景简单，为纯色背景，没有过多修饰。画面左侧为吐蕃使臣禄东赞与他的随从，禄东赞穿着红色外套，身体微微前倾，表现出对唐朝帝王的尊敬。画面右侧为唐太宗李世民，在李世民身旁有众多侍女，李世民坐于侍女所抬仪轿之上，面带微笑。

其四，王希孟千里江山图卷。《千里江山图》由北宋时期著名画家王希孟所作，也是王希孟众多佳作中唯一留下的。《千里江山图》表现了我国的大好河山，画面整体基调大气磅礴、恢宏壮丽，山间高崖飞瀑，曲径通幽，房舍屋宇点缀其间，绿柳红花，长松修竹，景色秀丽。

《千里江山图》整体色调为青绿色，颜色比较夸张，远处为烟波浩渺的江河，近景为形态各异、气势恢宏的高山，在崇山峻岭之间，还有几座房屋点缀其中，房屋旁与山间生长有部分挺拔的树木，为画面增添了生动感、紧凑感。另外，在两座山间的河流上，还建有一座曲径通幽的小桥，为画面增添了更多的意境。

（2）陶瓷类。故宫博物院馆藏诸多陶瓷艺术品，主要来自磁山文化、龙山文化，以及各地传统窑炉等。

其一，磁山文化红陶平底碗。红陶平底碗源自新石器时代磁山文化，高 6.7 厘米，口径 18.2 厘米，底径 6.4 厘米。该碗为敞口设计，口以下渐内收，平底。泥质红陶，胎壁薄厚不均。磁山文化陶器以红陶为主，碗是其中较常见的器形之一。此碗制作工艺明显带有新石器时代中期陶器的特征。

其二，龙山文化黑陶单把杯。黑陶单把杯产生于我国新石器时代，该文物口径与足径同样为 8 厘米，高度约 12.5 厘米。杯呈筒形，中部略微向内收，底部平整，杯侧安有一个扁形的手把，方便手拿。此杯虽然产生于龙山文化时期，但是具有一定的艺术美感，同时兼顾实用性，器表漆黑如墨，器壁薄如蛋壳，反映出当时的制陶技术已经达到了比较高超的水平。

其三，定窑白釉盒。定窑白釉盒制造于唐代，高度为6.9厘米，口径9.8厘米，足径5.4厘米。定窑是中国传统窑系之一，位于河北省保定市曲阳县，曾在中国陶瓷技术的发展历史中留下了浓墨重彩的一笔。定窑最大的特色在于发明了覆烧法和火照术，这两种烧制方法具有一定的先进性，既能够节约原材料，又能够防止产品在烧制过程中由于操作不当而发生变形。白釉盒是定窑所制比较典型的产品，常为素面，用于盛化妆用品、药品、香料等。

4. 紫禁城旅游指南

目前，紫禁城已经成为中外游客旅行必选的一个景点，其旅游指南如表2-3所示。

表2-3　紫禁城旅游指南

饮　食	烤鸭、豆汁儿、焦圈儿、卤煮火烧、艾窝窝、炒肝儿、糖火烧、炸酱面、炸灌肠儿、豌豆黄儿、驴打滚儿、冰糖葫芦、爆肚儿、瓷瓶儿酸奶等
交　通	市内乘坐公交至【故宫西门】或【故宫东门】下车 地铁1号线【天安门东】或【天安门西】下
预　约	网上预约时间为全天24小时，电话预约时间为每日09：00～17：00，每日12：00停止预约当日参观门票。老年人、残疾人和军人来首都博物馆参观则无需预约，凭本人有效证件可直接来馆参观
注意事项	1. 除法定节假日和暑期（每年7月1日至8月31日）外，故宫博物院全年实行周一全天闭馆的措施 2. 在午门和神武门一进门的地方有语音讲解器出租，押金100元。其中，汉语版（普通话、粤语）每台租金20元，其他语种讲解器每台租金40元，可以入口租、出口还 3. 故宫提供讲解员服务，在午门入口处可以预约。5人或5人以下的小团队，全程讲解收费250元。仅走中路（中轴线）的话，收费100元

（二）太庙

太庙，是明朝永乐年间建立，用于皇帝祭祖的皇家建筑。太庙旧址位于如今北京市东城区天安门东侧，占地面积为14万平方米，属于全国重点文物保护单位。太庙中有许多树龄已经超过百年的柏树，是太庙周边又一亮丽的风景，同时增加了太庙的庄严性。

1. 太庙简介

公元1420年，朱棣认为有必要在都城修建一座专门祭祀祖先的家庙，于是命人规划了太庙的营建工作。太庙建成后，多名皇帝对其进行了多次修缮与维护。其中，有两次改动比较重大：第一次为公元1491年，太庙寝殿后增建了祧庙，用于安放皇帝先祖的牌位；第二次为公元1544年，明世宗对太庙进行了大规模改建，将其改建为9个独立的庙。然而，公元1549年太庙全部被焚毁。明世宗后来又对其进行了复原重建，如今人们所能见到的太庙便是明世宗重建之后的模样，距今已经有将近500年的历史，见证了明清两代的更替与变迁。

2. 太庙建筑布局

太庙中主要建筑有牺牲所、神厨、神库、井亭、燎炉、配殿等。其中，最为重要的是大戟门和三重殿堂，即享殿、寝殿、祧庙。由于太庙的特殊作用，即用于皇帝祭祀祖先，所以其无论在规制上还是建筑风格上都比较严谨庄严，凸显了皇家建筑的威严感。

（1）享殿。享殿指供奉逝者灵位的大殿，是陵墓、庙宇中最为重要的殿堂之一,一般位于建筑群的中轴线上，以彰显对于逝者的尊重。太庙的享殿长68.2米，宽30.2米，地上铺设金砖，气势恢宏。

（2）寝殿。寝殿指中国古代帝王灵魂起居地，与中国传统的灵魂观、生死观具有紧密联系，发源于我国传统祖先崇拜。

（3）祧庙。祧庙指远祖庙。由于我国十分注重血缘纽带与家族谱系，许多寻常家庭都十分注重祖先的溯源，而这在皇家更为重要，每个帝王世家都有严格而复杂的遗传谱系。太庙作为明清皇帝祭祀的重要场所，承载了太多民族传统记忆，如今已经成为人们了解传统文化的重要旅游遗迹。

（三）雍和宫

雍和宫位于北京城市区东北角，是清朝中后期规格较高的一座佛教寺院。1983年，雍和宫被国务院确立为全国重点寺院，这极大地增强了雍和宫在国内的推广度，越来越多的游客习惯在游览紫禁城之余，前往雍和宫了解和探寻佛教文化。

1. 雍和宫简介

雍和宫，建立于公元1694年，康熙皇帝曾于此为胤禛建造雍亲王府，胤禛即位后，改王府为行宫，史称雍和宫。然而雍正仅在位十几年便驾崩，乾隆继位后，由于这一时期与吐蕃联系紧密，就将雍和宫改为了藏传佛教寺庙，以便加深吐蕃与清政府的友谊，广泛进行各种文化交流活动。自此，雍和宫基本确立了之后若干年内的作用与地位。时如逝水，中华人民共和国成立后，我国政府曾多次对雍和宫进行全面性的修整与保护工作，并将其公布为全国重点文物保护单位。

2. 雍和宫建筑布局

雍和宫的主要建筑包含牌楼院、昭泰门甬道、雍和门院、雍和宫正殿院、永佑殿院、法轮殿院、万福阁院、绥成楼院等。

（1）牌楼院。从雍和宫的南大门进入之后，先映入眼帘的就是牌楼院，牌楼院中建有三座牌楼，这三座牌楼均建成于公元 1744 年，质地为金丝楠木，建筑风格十分灵动，有各种彩雕，体现了清朝雕刻工艺的先进性。

（2）昭泰门甬道。昭泰门甬道俗名辇道，南北走向，总长度约为 150 米，甬道不宽，与昭泰十分协调。如今的甬道两旁种有多株银杏树，每逢金秋时节，总能成为一道亮丽的风景。

（3）雍和门院。走过甬道穿过昭泰门之后，将会进入雍和门院，该庭院较为开阔，种植有较多树木，包括槐树等。此外，雍和门院建有东西相对的钟楼、鼓楼，钟楼内保存有成化年间的铜钟，鼓楼也有大法鼓。按照佛教的传说，敲钟 108 下，代表着带走 108 种烦恼。门殿前建有两座青铜狮像，一雄一雌，做工考究。殿内有四大天王，寓意福泽万民，保佑“四洲”。

（4）雍和宫正殿院。雍和宫正殿院中有一个青铜鼎炉，体型巨大，上面雕刻有云龙。铜鼎北边有御碑亭，附近还有一个青铜须弥山造像。在印度佛教典籍中，须弥山是一座传说中的仙山，山峰奇高无比，山腰处为四大部洲，十分神秘。

除以上建筑之外，正殿院中则为主要建筑——雍和宫正殿，其地位与作用相当于大雄宝殿。该殿的基本结构为单檐歇山，含有多种花纹装饰，图案巧妙，写有满、汉、藏、蒙各民族的语言。殿内供奉着佛教中的三世佛，分别为过去佛（燃灯古佛）、现在佛（释迦牟尼）、未来佛（弥勒佛）。此外，殿内还有十八罗汉佛像，栩栩如生，对罗汉神态、造型的塑造十分精妙。

（5）永佑殿院。永佑殿曾经是胤禛读书与休闲之所，后来成为了雍正帝灵柩停放之地，名为“永佑”，意为永远保佑帝王，保护其魂魄能够顺利通往西方极乐世界。永佑殿五间二进，明五暗十，单檐歇山，前后带廊。殿中供奉无量寿佛、药师佛、狮吼佛，无量寿佛即人们口中常说的“阿弥陀佛”，药师佛保佑人们免除病痛折磨。永佑殿两侧分别建有穿堂门，穿过之后，就能够进入雍和宫的法轮殿院。

（6）法轮殿院。法轮殿院建有法轮殿，法轮殿规模为五间制。“殿顶建有五座天窗式阁楼，每座阁楼上又建有一座鎏金铜质宝塔，法轮殿内正中建有一座雕刻宝像的曲栏大法坛，坛上有大型铜鎏金莲台，莲台上供的是高 6.1 米的铜鎏金宗喀巴大师佛像。”[1]

（7）万福阁院。万福阁院建有万福阁，由于万福阁中建有一个 18 米高的弥勒大佛，阁中的二、三楼还供奉着一万多尊大小佛像，所以又称万佛楼，寓意惠及万福，保佑安宁。万福阁是整个雍和宫中规模最大的佛殿。“楼内中间是通体高阁，楼外四周带廊，是辽金时代的建筑风格，现存的这种风格的建筑极少，雍和宫的万福阁即难得的佳例，体现着中国古建筑文化的精华。”[2]

（8）绥成楼院。绥成楼院是雍和宫建筑群中最深处的院落，建有绥成楼。绥成楼中供有大量前几世活佛与著名僧人，如宗喀巴大师、格桑嘉措、龙树菩萨等。

3. 雍和宫珍藏文物

雍和宫中珍藏有大量珍贵文物，涉及丝织藏品、佛像藏品、瓷器藏品。

（1）丝织藏品。服饰是我国传统文化中的一部分内容，在雍和宫中存有许多风格迥异的服饰，带有鲜明的民族特色或宗教特色。桃形帽、云肩、戎衣、蟒袍、毡靴等都是服饰类中很有代表性的馆藏品。

清黄缎桃形尖帽为格鲁派活佛所佩戴之帽，材质为黄色贡缎，内衬红色暗团龙纹缎。帽子两侧各有一条长条垂带，延伸至肩膀，黄教创始人宗喀巴造像上常见此帽。

云肩为僧人坐法事时围在肩膀上的法衣，通常与黑色塔形帽子搭配使用。云肩材质多为彩缎，不同的颜色有不同的意义，在不同法会上区别使用。

（2）佛像藏品。其一，清乾隆铜无量寿佛像。无量寿佛也被称为“长寿佛”，尊为五方佛之一。该佛像面部宽方，五官端正，双目凝视，双手结印捧宝瓶。绕臂的帛带分饰两肩，整尊佛像表现出古朴庄严的特征。其二，清乾隆铜鎏金文殊菩萨像。文殊菩萨盘腿端坐，左手置于胸前，右手持智慧剑置于身后，表情柔和，形态典雅端庄，体现出了文殊菩萨智慧、温和、柔美的一面。其三，清乾隆铜四臂观音菩萨像。四臂观音为西藏地区的守护神，此像神情肃穆、视线略微朝下，两手合掌于胸前。佛像发髻较高，体现出了佛像的力量感，给人一种稳重之感。

---

① 陈观涛 . 话说雍和宫 [M]. 北京：宗教文化出版社，2002:76.

② 同上 .

（3）瓷器藏品。具体有清炉钧釉雕螭虎纹三角瓶，其中炉钧釉为低温窑变釉。该瓷器以蓝、绿、月白色为主要色调，釉面流淌小，以蓝色釉点多见，造型更加丰富。此瓶造型十分奇特，寻常瓷器中较为少见，可见其加工复杂、难度较高。

第三节 中国民居建筑文化

一、中国民居建筑的基本内容

中国作为文明古国，不仅历史悠久，具有深厚的文化底蕴，还具有辽阔的疆域，而且不同地域具有不同的地形特征。同时，我国从古至今一直都是由多民族构成的多元文化集合，不同民族都有其各自的文化和传统，且在民居建筑上各有千秋，所以我国的民居建筑也成了人们旅游文化的重要组成部分，越来越多的人选择前往特色民居建筑进行人文旅游。

（一）民居简介

民居，指平民百姓之居所，由于中国地大物博、文化庞杂，民居就体现出了十分多样的面貌。传统民居是与宫廷建筑相对而言的一个概念，是人民受到地理环境、文化习俗，以及社会固有观念的影响而逐渐发展出来的建筑文化。我国具有多种多样的民族文化，如北方的四合院、南方的天井院、陕北的窑洞、福建的土楼、内蒙古的毡房、傣族的竹楼、壮族的木楼、藏族的碉楼，无一不是中国传统民居的精华。1986 年开始发行的一套 20 枚“中国民居”系列邮票，比较全面地再现了我国传统民居的风采。[①] 可见，我国民居种类繁多，而民居种类的划分主要以地域、民族作为依据。虽然民居是传统建筑文化的延续，是中华文明与劳动人民智慧的结晶，但是由于年代久远、技术落后，总是存在这样或那样的不足，不过也正因如此，民居都各具特色、因地制宜、设计灵活，吸引了国内外诸多游客前来观赏，已成为人文旅游不可或缺的一环。

（二）民居特点

传统民居具有如下特点：区域性、文化性、多元性、民族性。

① 黄成林 . 旅游文化 [M]. 合肥：安徽人民出版社，2006:91.

1. 区域性

传统民居由于分别产生于不同地理环境，所以具有明显的区域性特征。例如，我国东北地区气候寒冷干燥，该地区居民为了更好地防风御寒，经常把民居建造得比较厚实、低矮，同时会给民居配置比较完备的取暖设施，包括火炕等。而我国华北地区主要是平原，四季温差较大，气候较为温和，所以房屋建设比较中庸，墙体厚薄适中。同时，华北一带与传统文化的发源之地距离相近，具有比较强烈的宗法观念，所以民居建筑布局也反映了强烈的宗法观念，如北京四合院，讲究对称、尊卑。又如，我国江南一带气候温和，但是比较潮湿，所以民居常为二层楼，一层不住人。

2. 文化性

民居能够经过几千年的历史演变一直延续下来，必然已经沉淀了充分的民族文化，其中蕴含着传统文化的精华。例如，民居产生和创建初期必然离不开劳动人民的摸索与实践，其中包含一定的合理性与科学性。又如，民居经过长期发展，结合了各种绘画元素、雕刻元素，反映着各地的风土人情与历史风貌，是各地文化的体现。

3. 多元性

我国地域辽阔、民族众多，不同民族都有其特性。然而，历史长河中的不同民族无时无刻不互相发生着接触、冲突、融合，那么不同民族必然互相影响着对方。例如，中原地区民居的汉文化由于种种原因传入云南，于是云南就出现了汉式民居，包括白族民居的“三坊一照壁”等布局。所以，我国传统民居在各地各有其特殊性，而不同民族经过交融后，又产生了许多融合性、多元性的民居，这极大地丰富了民居种类与特色。

4. 民族性

我国是一个多民族国家，古代由于地理条件限制，不同民族都各自居住于特定的区域之内，经过岁月变迁，各民族产生了各具特色的民族文化。在民居文化上，不同民族具有差异性，这便是民居的民族性特征。“最明显的是傣族竹楼，壮、侗、苗、土家族的干栏式木楼，藏族的碉楼，蒙古族和哈萨克族等游牧民族的毡房。”①

（三）民居类别

按照民居的建筑方式与建筑风格，我国的传统民居大致可以分为院落式

① 黄成林．旅游文化[M]．合肥：安徽人民出版社，2006:97.

民居、楼居室民居、穴居式民居三种。

1.院落式民居

院落式民居是我国最为常见、最为普通的民居，由于其广泛建于我国的平原、沿海等地，所以建造的熟练度与先进性有所保障。院落式民居最明显的特点就是封闭格局、包含院落、讲究对称、层次分明，主要见于我国的华北平原、中原地区、华南平原、沿海地区，当然在其他地区也偶有所见。

院落式民居历史悠久，最早出现于我国秦汉时期，之后经过千年发展不断完善，最为典型的案例莫过于北京四合院。四合院也被称为四合房，根据其名称便可以初步分析其构造特征，即四面建有房屋，把院子围于中央。四合院包含“口字形”“日字形”“目字形”等类别，“口字形”指四合院包含一进院落，“日字形”指四合院包含二进院落。“目字形”指四合院包含三进院落。也因此，古人曾形容中国院落“庭院深深深几许”，这也彰显了院落民居构造比较深入的特点。

2.楼居式民居

楼居式民居，指民居建筑为两层以上的民居形式，常见于我国热带地区。由于热带地区气温较高、湿度较大，为了避免居住环境过于潮湿，也为了营造比较好的通风环境，古代劳动人民创造出了这样一种民居形式。我国最主要的楼居式民居为干栏木楼，干栏木楼全部结构均为木质材料，包括木构架、木板墙等，又因为整个木楼没有一根铁钉，所以其对于各部件的尺寸具有更加严格的要求。例如，云南西双版纳地区气候潮湿，所以存在大量的干栏竹楼，而且为了美观，人们在进行竹楼顶部建设时会采用不同的设计方式，如“孔明帽”“千木”“歇山式”等。

3.穴居式民居

穴居式民居具有比较鲜明的地区性特征，一般见于我国西北黄土高原干旱区。例如，山西西部窑洞、陕北地区窑洞等。此外，我国的豫西地区与陕南地区也存在极具特色的地坑窑，这种窑洞完全居于地下，由多个地坑构成，每个地坑大概几十米见方。

二、北方地区传统民居

（一）山西民居

山西民居是我国北方民居中最为重要的一个建筑流派，人们都曾听说徽派建筑，事实上山西民居与徽派民居齐名。在传统文化中，素来就有“北山西，南皖南”之说，足见山西民居的历史地位。在山西农村中，无论村庄大与小，都必然会有门楼，门楼具有提醒作用，也能够有效宣传各村落民俗与文化。

1. 王家大院

山西省具有较大知名度的传统民居不在少数，而王家大院必然是其中影响最大的建筑群。王家大院位于今山西省灵石县附近的静升镇，静升镇地理位置优越，文化底蕴深厚，曾被评为中国文化重镇。

王家大院整体的建筑风格继承了我国周朝传统庭院的建造模式，一方面，保留了充足的对外交流空间；另一方面，给予院内部居住区域充足的隐私性与保护性。王家大院内包含高家崖建筑群、红门堡建筑群、孝义祠、资寿寺、静升文庙。

2. 乔家大院

乔家大院位于今山西省祁县，于2014年被评为国家AAAAA级旅游景区。乔家大院建于公元1756年，集清朝建筑文化之精华，是我国民居发展史上的代表之作。需要注意的是，乔家大院在建筑布局上较具特色，建筑规模宏伟壮观，同时其雕刻艺术也发挥得淋漓尽致。乔家大院一共包含六个大院，这六个大院之中随处可见各色砖雕、木刻、彩绘，漫步其中，只感觉心旷神怡、怡然自得。

大院内有大量木雕，如一院正门为滚檩门楼，有垂柱麻叶，垂柱上月梁斗子，卡风云子，十三个头的旱斗子，当中有柱斗子，角斗子，混斗子，还有九只乌鸦，可称一等的好工艺。二院正门木雕有八骏马及福禄寿三星图，又叫三星高照图。除了以上木雕艺术品之外，柱头上也有丰富的雕刻佳作，如葡萄、松竹、桂花等，或者传统神话中的部分人物，包括张果老、韩湘子、李铁拐、吕洞宾等神仙均可得见。

砖雕在乔家大院为数颇多。一院正院雕刻有各种花卉植物形象，二进院则有“暗八仙”的装饰纹样。二院有各种包含典故与祥瑞的砖雕，如喜鹊登梅、奎龙腾空等。三院则有大量以梅兰竹菊为题材的作品，如松竹梅兰等。总之，乔家大院以其大量的绘画雕刻艺术彰显出了其丰厚的文化价值。该地四季分明，除冬季较为寒冷外，其他季节均较适宜旅游。

3. 皇城相府

皇城相府位于今山西省晋城市附近，2007年被评为AAAAA级旅游区。皇城相府的建造并非一蹴而就，主要分为两部分，内城于公元1633年建成，外城于1703年所建，该建筑群共计院落16座，房屋640间，为明清时期官宦住宅区。斗筑居，为内城重要建筑，设五门，城墙周围建有藏兵洞。河山楼，高30多米，名称寓意为保佑河山统一，整个建筑具有一定的抵抗侵略功能。屯兵洞，为了隐藏家丁、保存实力而建造，一共125间，处于其中既可以观察外界敌情，又可以发射箭矢与火枪，以攻击敌人。树德院与世德院这两座建筑位于皇城相府东北角，两座院落构造基本相似。

如今，皇城相府已成为中外游客进入山西后的必游景点之一，该地不仅具有宝贵的建筑文化精华，也包含丰富的美食文化。例如，阳城烧肝、油糊角、肉罐肉、烧大葱、小米煎饼等。阳城烧肝，主要以新鲜猪肝作为原材料，将猪肝清洗并水煮之后，加入大蒜、姜末、淀粉等调味品，再用热油将其充分包裹，先炸后蒸，待猪肝变为金黄色，盛出装盘即可。油糊角，这一食品创作于唐朝，相传当时有一位将军准备出征，他却并不知晓自己的妻子已经怀有身孕，当战胜敌人回归家庭之后，妻子用家乡特有的黍米面做成油炸食品，并在里面分别放入了红豆与胡萝卜，假如丈夫吃到红豆馅则表示生男孩，假如丈夫吃到胡萝卜馅则表示生女孩。

（二）陕西民居

陕西省与其他省份有所不同，其纬度跨度较大，陕北地区高寒、干旱、风沙大，而陕南地区湿润、温暖，所以需要对陕西民居分别进行论述。

1. 关中民居

关中，泛指我国陕西省渭河平原带，是我国第四大平原，这一地区土地肥沃、物产丰富，自古文人才子辈出，是历朝历代兴建都城的首选之地。据史料记载，秦、西汉、隋唐等十余代王朝均于关中建都，也因此西安被誉为“十三朝古都”。这也使得关中地区各种文化、艺术、建筑取得了较大程度的发展，关中民居也成为关中的一大特色。

据考证，我国最高的房屋建筑就出现于关中地区，关中民居最大的特色就在于古朴、恢宏，整体布局与房屋规划方面比较考究，多数房屋为传统的四合院与三合院形式。另外，有些房屋也别有新意，会在注重传统的基础之上加入一些其他装饰，如屋檐加飞椽，或采用雕砖、瓦片进行装饰。

最具代表性、典型性的关中民居莫过于党家村，该村落建成于明朝，距今已经有将近700年的历史，位于陕西省韩城市附近，村中主要景点包括节孝碑、看家楼、文星阁等。党家村充分保留了古朴建筑的风格。当游客进入党家村之后，首先会看到高达、精美、整齐的四合院门楼，之后会见到两个庙宇群，表达了古代人民对于神明的信奉与崇敬。党家村一年四季气候宜人，气候比较干燥，春季温和少雨，十分适宜前往游览。

2. 陕北民居

陕北一带气候干燥、风沙较大，尤其在中华人民共和国成立之前，该地区气候较为恶劣，如果建造寻常民居，其一是无法经受风沙侵蚀，其二是不利于防寒保暖。勤劳智慧的陕北人民在结合当地气候情况的基础上，创造发明了窑洞建筑，作为这一地区的主要民居形式。陕北黄土层比较厚，最厚的地方甚至可以达到几十米，劳动人民在刨挖某些窑洞时，往往需要耗费更多的精力与体力，甚至有些人一生只能修建几孔窑洞，足见这一地区民居修建之艰难。

窑洞在建筑学中属于生土建筑这一大类，其建造过程不需要大量原材料，注重与自然和谐相处，建成后一般也经久耐用，十分牢靠，不过开凿过程却异常艰难。据记载，我国陕北地区存在大量半途而废的窑洞工程，这些窑洞往往由于缺乏精密考察难以挖掘成功，所以常见弃窑的情况。

一般来讲，挖掘窑洞需要如下几个步骤：

第一，挖地基。劳动者确定好位置之后，就要开始挖地基。挖地基是比较艰难的工作，很多时候地面都不利于挖掘。

第二，打窑洞。打窑洞是比较细致的功夫，在工作中不能心急，个别地方土地里面比较湿润，如果过于心急，很容易引起软化和坍塌。当窑洞形状基本打出并晾干之后，再用黄土和铡碎的麦草和泥，用来泥窑。

第三，扎山墙、安门窗。这是窑洞挖掘和建造的最后一个步骤，由于窑洞属于半地穴式建筑，必须要做好窗户，否则无法保障采光的需求得到满足。一般是门上高处安高窗，和门并列处安低窗，且门内靠窗盘炕，门外靠墙立烟囱。

3. 陕南民居

陕南地区主要包括今安康市、商洛市、汉中市，陕南虽属陕西省，然而其地理特征却偏向于川渝等地。陕南北接秦岭，南邻巴山，汉江之水穿陕南而过，可以看出陕南具有丰富的水资源，与干旱的陕北地区气候环境形成了强烈的反差。按照地理学的划分，陕南属于北亚热带大陆性湿润季风气候，其民居也体现出陕南特有的地域性特征。

（1）青木川古镇。青木川位于陕西省汉中市宁强县，从宏观视角来看，青木川处于陕甘川三省交界地带，古镇物质条件优越，气候环境适宜，具有丰厚的历史文化底蕴，在其传统民居建造中，也独居该地诗情画意，给人以美的享受。古镇的建筑保存较为完整，总体展现出古朴、典雅的特征。其中，尤以魏氏宅院保存最为完好，目前存有魏氏宅院 2 处，商贸用房 5 处，遗留魏辅唐倡办中学1所。

该地主要景点包括回龙场老街、烟馆、荣盛魁、乡公所、洪盛魁、辅仁中学、魏辅唐宅院等。回龙场老街建于清朝，落成之初人烟稀少，后来由于种种原因发展为商业中心。

20世纪上半叶，魏辅唐在我国动乱之际，依靠自己的实力，从整体上对古街进行了重新规划与整改，于是回龙场老街焕然一新，此处建筑既保留了浓厚的中式建筑风格，又融合了西洋建筑的创新意蕴，气势恢宏、价值非凡。辅仁中学位于回龙场老街后面的一个山坡之上，于1942年修建，耗时5年终于竣工。据说，当时该中学的建造思路出自魏辅唐。有一日，魏辅唐遥望对面的笔架山，顿感笔架山好比青木川的吉祥之山，突发修建一座学校的想法。同时，笔架山在风水中代表了文房四宝，此处与笔架山遥相呼应，正是修建学校的最佳选址。于是，魏辅唐邀请当时上海市著名的建筑设计师，以笔架山为蓝本开始修建学校。

如今，青木川在旅游界的影响力逐渐扩大，2009年青木川镇被评为省级重点镇，2011年被评为最具潜力旅游乡村之一，2013年青木川古镇多处建筑被列为文物保护单位。

（2）洋县谢村刘宅。洋县位于陕西省汉中市，而谢村为洋县所辖的一个古老村落。谢村始建于宋朝，建成后此地便逐渐兴起贸易市场，经过明清，一直保持繁荣之景至今。

谢村内存有历史文化建筑刘宅，被称为典型的陕南风格宅院，20世纪60年代曾被有关部门大力保护并修缮，后被汉中评为重点文物保护单位。相传，该宅邸主人名为刘继德，曾在外经商。该宅邸规模较大，墙体结构结实，主要是木构架，结合砖块与土坯共同构成。住宅由东西两座四合院共同构成，可能是受到周围其他房屋的影响，入口的设计稍有反常规，设于北面两院的交汇处。为人称道的是刘宅的内部装修，存有大量技艺高超的雕刻工艺，包括砖雕与木雕，雕刻物栩栩如生，为刘宅增添了较多艺术意蕴。

（三）东北民居

东北民居具有鲜明的地域特色，是中国旅游文化和建筑文化的瑰宝。

1.土坯房

在东北民居中，最为典型的样式为土坯房，土坯房即用泥土做成墙面的房子。在建造时主要采用两种方式：第一种，先做好墙角，并对墙角做好稳定，进而开展房屋建设，此为房屋之根基。然后，用木质模具分段制作墙壁并夯实。第二种，用泥土制作土砖，制作好充足数量的土砖之后，将其堆砌在一起，并适当在其中加入一些用于房屋固定的材料，如纤维、草料、秸秆等物质。

土坯房具有其特有的优势，一方面，土坯房有良好的保温性，东北地区气候寒冷，优秀的保温性无疑更加适用这种严寒气候；另一方面，土坯房也可以保持一定的湿度，对于人体健康具有一定积极作用。而且，土坯房还能起到有效的抗震作用，只需要在土坯房原有建设方式基础上加入一些实木板，即可增强房屋的强度与稳定性。

2.“马架子”

“马架子”，这个名称或许并不为人所熟知，但是在20世纪及以前的东北地区，“马架子”却是十分重要的民居。当时无论是偏南的辽宁一带，还是东北北段黑龙江地区，诸多村落中都存在着“马架子”这种民居。

“马架子”与平常的土坯房、木质房都有所不同，它介于窝棚与正房之间，乍一看上去并不像是一座房屋，但是却能够供人长期居住，解决了东北地区普通百姓的居住问题。“马架子”看上去像是一匹趴着的马，故得此名。

曾经在“马架子”里的生活比较艰苦，主要表现在如下几个方面：第一，东北的冬季异常难熬，但是“马架子”里却没有热炕，人们居住在里面还需要“穿戴整齐”，以保持温暖，而春夏之际由于气温回升，屋里又会出现大量的蚊虫；第二，“马架子”由于比较矮小，采光效果不佳，缺少透光窗户，时常还未及太阳时分，屋里已经黑透；第三，“马架子”里潮气较重，不利于食物保存，甚至还会有损身体健康。

不过，“马架子”也有其优点：一方面，搭建十分简便容易，先伐木割草、平整土地，之后钉横梁、垫木条，在木条上抹一层泥当墙，再铺上洋草，“马架子”的基本架构便形成了；另一方面，开发北大荒时期的工人众多，“马架子”以其便捷性为开发北大荒的人们提供了居住条件，虽然条件设施较为简陋，但是人们不至于露宿野外，能够抵御寒风与野兽。

3.“口袋房”

“口袋房”，又名“斗室”，由于形状与口袋相似而得名，是一种具有满族特色的民居，存在于东北部分地区。在原始社会末期，东北地区先民为了抵御严寒的侵袭，一般是穴居模式，后来逐渐发展为半地穴式房屋。东北人民以“口袋房”命名当时的房屋，也是为了取一个良好的寓意。起初，“口袋房”只是由政府特定官员进行专门管理，统一存储村落中所有的收成，后来这种建筑风格逐渐流传开来，于是东北农村中便常见这种民居。

“口袋房”的规模一般为3间房或5间房，包含外屋、卧室，其最大的特点在于卧室的三面都筑有火炕，极大地提升了房屋防寒保暖的作用。一般“口袋房”坐北朝南，由草毡、泥土糅合垒成，由于“口袋房”保暖效果好，在东北许多满族村落中广泛推广。

“口袋房”还有一个重要的特点，即窗户分为上下两扇，劳动人民喜欢用高丽纸糊在窗户外面，所以旧时人们常说“关东有三怪，窗户纸糊在外，十七八的姑娘叼烟袋，养了孩子吊起来”。其中，“窗户纸糊在外”讲的便是“口袋房”。之所以会出现这种情况，是因为东北地区温度较低，窗户纸结合一定的酥油等物品，有助于提升房屋的抗风性。

三、南方地区传统民居

我国南方地区主要指秦岭淮河以南，南方地区由于其地理环境与北方地区具有明显的差异，其传统民居也具有一定的特殊性。例如，北方民居建筑原则是防风、防寒、保暖、储粮，而南方民居建筑原则是防潮、通风等。随着时代发展，南方民居在满足基本需要与保障的基础上，结合当地的人文风情，在建筑学上有了更多艺术表达，已成为游客们十分喜欢的旅行目的地，更是我国旅游文化的重要构成。

（一）华东民居

华东民居是我国传统民居中的重要流派之一，结合复杂的地质结构与气候条件，既有利于节约耕地，又有利于适应当地的自然条件，彰显当地的文化艺术特点，给人以自然、大方之感。按照省份来划分，我国的鲁、苏、浙、皖、赣、闽六省处于华东沿海一带，无论是古代还是现代社会，华东地区都是我国经济富庶、文化滥觞之地。华东地区河道纵横、交通发达、水产丰富、人杰地灵，自古就是人才辈出的风水宝地。同时，华东由于其地理结构多样，文化因素多元，在传统民居上也有多重风格。

1.苏南、浙江民居

江苏与浙江地理位置比较接近，亦有“江浙”之统称，所以苏南与浙江民居具有相似的风格倾向，在此可合并而论。江浙自古经济富庶多才俊，依山傍水、地形多变，环境湿热，民居在建造上最注重通风与防潮。例如，许多民居都采用敞厅、天井、通廊的设计，这样既能够将房屋的内部区域与外部区域分隔开来，又能够达到更好的采光与通风效果。同时，由于地面容易潮湿，难以保存粮食，人们习惯在屋顶山尖下增建阁楼与夹层，以做贮存之用，也增加了建筑的美观性。

2. 皖南民居

皖南，指我国安徽省南部地区，这一带由于靠近长江三角洲，与苏州、浙江相毗邻，自古便是安徽省内的经济、政治、文化中心，而皖南建筑更是皖南地区文化的重要体现。皖南地区自古文人辈出，人们习惯把皖南山川地貌寓于诗词歌赋之中，后来伴随建筑文化的发展，人们也将山水文化巧妙运用在建筑之中，使得皖南民居在我国诸多传统民居流派中脱颖而出。

（1）皖南民居特点。具体来讲，皖南民居具有如下特点：

第一，粉墙黛瓦。其指墙壁为白色，瓦片为青黑色，又叫白砖青瓦。即使对于建筑文化没有了解的人，也能够凭借此特点一眼区分出皖南民居与其他民居。

第二，高墙深院。皖南民居墙面较高，能够有效抵御盗贼，对于地区的稳定发展与长治久安具有一定益处。

第三，高深的天井、天井，即宅院中房屋或墙壁围成的露天空地，能够极大地增强院落的采光性，还能为居民提供充分的活动空间。皖南地区阴雨季较长，人们对于采光有着更多的需要，而天井这种建筑构造恰恰满足了皖南人民的需要。

第四，错落有致。皖南民居的布局较多为中型或大型院落的组合，一眼望去给人以极强的视觉冲击，虽然复杂，但是却布局精妙。

（2）皖南民居景点。如今，皖南地区著名景点众多，包括黄山、九华山、牯牛降、敬亭山、齐云山、太平湖、天门山、采石矶、芜湖方特欢乐世界、芜湖方特梦幻王国、丫山、马仁山、云岭、赭山公园、太极洞、桃花潭、江南第一漂、徽杭古道、西递村、宏村、歙县棠樾牌坊群（鲍家花园）、绩溪龙川胡氏宗祠、伟人故里江村、皖南事变烈士陵园等。此外，最能体现皖南民居特色的莫过于宏村与西递。

宏村，曾有“扩而成太乙象，故而美曰弘村”的说法，基于此，乾隆年间将“弘村”更名为“宏村”。宏村处于黟县东北部，紧邻黄山，村落依山傍水，以青山为依托，结合充分的水资源，好似一幅山水交融的美妙画卷。宏村的建筑主要是住宅与园林，辅以其他公用设施，其建筑种类、规模比较完善。村内无论建筑大小与否，都极为注重装饰，装饰以雕刻艺术为主，包括形式各异的木雕、石雕等，体现了该地匠人的高超技术。

宏村最为著名的建筑莫过于南湖书院、承志堂，南湖书院最早为一座私塾，后于19世纪初与其他建筑共同扩建，增添了志道堂、文昌阁、启蒙阁等建筑，其木雕堪称雕刻工艺的典范，精美绝伦。承志堂的兴建时间略晚于南湖书院，并非独栋建筑，而是宏村之中规模最大、影响最广的一座建筑群，曾为当时皖南地区大盐商汪定贵之居所。承志堂共有房屋60余间，包含正厅、后厅、后院，漫步于院落之中，随处可见雕刻艺术品，体现了当地丰富的建筑文化。

西递，为皖南重要古村落，曾入选重点文物保护单位、历史文化名城，并于2021年入选联合国首批“最佳旅游乡村”名单。据记载，西递于北宋时期开始建造，于清朝初年影响力最大，当时往来商贾络绎不绝，街道上时刻都是人声鼎沸之局面。中华人民共和国成立之后，加大了对历史文化村落的重视，多次对黟县调整行政区划，加强了对于西递的保护工作。如今西递存有明清之际的民居300余幢，部分民居已经有所损毁，不过仍然能够从中看出其大体风格。西递建筑造型优美、布局工整、结构精妙，堪称徽派建筑典范，对于后世建筑艺术与旅游文化发展影响深远。西递民居在色彩方面比较朴素，色调较浅，一般为青瓦白墙，与周边的青山绿水相映成趣，十分和谐，给观赏者以清新、明快、舒畅之感。在布局方面，其普遍具有天井庭院，一方面，有利于建筑的通风与采光；另一方面，在风水上符合聚财一说，体现了当地比较传统的建筑思想体系。

（二）西南民居

我国西南地区，主要指云、贵、川三省，也包括西藏自治区，这一带土地广阔、地理气候条件复杂多样，而且天气富有较强的变化性，时常在一天之内出现几种不同的气象状况。例如，西南高原地区高山峡谷众多，河流交叉、山川纵横、森林茂盛；四川盆地则潮湿多雨，时而酷热，时而潮湿，有“一山分四季，十里不同天”的说法。据统计，我国西南地区有大量少数民族居住，约46个，占据了我国56个民族的82%。由此，不同的地理条件、文化条件在该地区促成了风格多样的传统民居建筑。

1. 四川民居

由于四川地区山石较多、地形复杂，所以四川民居常常依山而建，充分利用资源优势，并引入石、砖、木、竹等素材，体现出了丰富的建筑特色。其结构多为穿斗式木构架，悬山式屋顶前坡短、后坡长，多外廊，深出檐，造型空透轻盈，色彩清明素雅。

目前，四川地区保存的民居多数为清朝时期所建，根据其功能与形制的差异，可以分为多种类别，主要包括大型庄园、廊院式、连排式、农舍、乡土民居等，其中以江安县夕佳山官宅、阆中古城民居、崇州市杨玉春宅第（宫保府）、峨眉山徐宅等保存较好又具有代表性。

四川民居的特点主要如下：

第一，巧妙运用环境。四川地区山势奇特、水源丰富，当地人民通过总结长期的居住经验，结合实际情况，开创出了一套依山傍水的建筑思路。民居注重与周边环境的协调性，时常加入古竹点缀，增添了几分情趣与意蕴。例如，峨眉山徐宅就是巧妙运用环境建筑的典型代表。

第二，布局灵活合理。四川民居沿袭我国多地建筑具有中轴线这一特点，但是又并非严格按照此规定进行建造，时常根据地形情况进行灵活布局，打破了死板、严谨的建造模式。其反而会利用曲轴、副轴，使建筑随地形蜿蜒多变，曲折迭进，宜左宜右，忽上忽下，充满自然情趣。

第三，历史文化交融。四川民居蕴含着丰富的历史文化，四川天险众多，许多地区自古就是兵家必争之地，如米仓山、龙门山、大娄山、大凉山、剑门关等。四川地区在历史上总是人才辈出、风起云涌，这为该地赋予了许多历史文化底蕴，而这些文化内涵又为当地的建筑提供了许多借鉴与思路，也包含着人们的美好祈愿与追求。

2.贵州民居

贵州古称黔，属于我国西南部的高原山地地区，贵州省内平均海拔逾1 000米，主要包括高原、山地、丘陵、盆地四种类型。贵州一年四季气温比较适宜，冬暖夏凉，冬季最冷时平均温度也有3～6℃，夏季最热时平均温度一般为22～25℃。不过，贵州阴天降雨较多、气候潮湿，普遍缺乏光照，所以贵州民居比较注重采光与通风。

贵州西部与贵州东南部在建筑风格上有所不同，黔西地区山石较多，房屋的原材料常常选用各种石头。在建造之前，人们需要开采大量石头，制成石墙、屋面。单体建筑一般为人、畜、仓储沿地形竖向布置，形成层叠的空间布局。“不同形状的片石屋面，不同叠砌的块石墙体，实墙上点缀小窗洞，具自然旷野之趣，加上绿树修竹穿插其间，形成强烈的明暗对比，十分醒目，构成了异常优美的山乡景色。”①

贵州东南部相比于贵州西部交通较为不便，不同村落时常被山岭分隔开，所以民居体现为大分散小聚居的模式。同时，人们根据山区的多变地形运用了多种建造方法，包括架空、切角等，体现出当地民居显著的山地风格。

① 汪之力.中国传统民居建筑[M].济南：山东科学技术出版社，1994:147.

3. 云南民居

云南，古城滇，相传在云南昆明部分地区曾存在一个神秘的古滇王国，给云南地区增添了一抹神秘色彩，也引起了学界与旅游界对于云南地区的广泛关注。云南地区历史悠久，不仅有着为人称赞的大理古城、丽江古城、束河古城，而且具有宝贵的传统民居文化。云南民居同样与当地的地理条件和气候条件息息相关，云南气候包含了7个温度带类型，这在世界上也极为罕见。究其原因：第一，云南地势变化明显，海拔高处与低处相差6 663米；第二，云南多数地区年温差较小，而日温差较大；第三，降水充沛，云南省内多数地区每年降水量都在1 000毫米以上，甚至在南部地区可高达1 600毫米以上。

云南区域辽阔，气候差异较大，因此民居也有着明显的差异。在云南南部与西南部主要是干栏式民居，一般是独院式单体二层楼房，主要以竹作为建筑原材料，称为"竹楼"。为了防潮除湿，当地民居空间开阔、格局通透、注重采光，人住在二楼，畜养的牲畜与贮存的杂物一般放在一楼。在云南中部与东部地区，人们常居住于土掌房，这是彝族人民的居住地，一般也为二层，劳动人民用泥土或土坯筑造墙壁，屋面则用筒板瓦等材料，并用柴草、泥土抹平屋顶。这种民居具有很好的隔热保温作用，冬暖夏凉，温度适宜，为当地居民广泛沿用。

第四节　中国古城建筑文化

一、中国古城建筑及其特点

古城，指拥有百年以上历史且至今仍保存完好或经修缮基本恢复原貌的大规模古代建筑的城市聚落，是一地历史文化的外在表现，是人类共有的文化遗产。早期古城主要是为了防御外来的敌人，主要起到保卫统治者及百姓安全的作用，后来又衍生出满足人民生活需要的作用。因此，古城并不是一种单纯的防御性建筑，逐渐成为设施齐全、功能配套的综合建筑群体，其主要的特点有城郭分明、防御严密、布局完整、设施完善、地域性强等。

（一）城郭分明

城郭古义是指内城和外城，"城"指内城的墙，"郭"指外城的墙。从春秋一直到明清，除秦始皇的咸阳城外，其他各朝的都城都有城郭之制。郭在城的外围，有“内之为城，外之为郭”之说，统称城郭。虽然城、郭的具体名称历代叫法不一，也有子城、罗城、内城、外城等叫法，但是作用却十分相似，郭主要是为了保卫百姓，而城则是为了保护统治者。历代古城基本都沿袭这一建造模式，事实证明，这种建筑模式对于防卫入侵具有明显的效用。

（二）防御严密

古城的防御体系比较严密，高达而坚固的城墙是古城的第一道防线，也是其最主要的防线。在宋朝之前，古城多为版筑夯土墙，随着建筑技术的发展，宋元明清时期县城以上的城市都开始用砖块堆砌而成，具有更强的防御效果。城墙的高度一般为 4 至 18 米之间，厚度约为 12 米。

城墙之上建有雉堞、女墙、门楼、角楼、马面等防御设施。城墙之外建有护城河。护城河环绕整座城，河上建有桥梁或可以升起的吊桥，以方便出入，亦可防止敌人进入。河的水面宽度可达 30 米，深约 3 至 5 米。县城一般设有东、西、南、北四个城门，大的城市城门多达 12 至 13 个，城门之外往往加筑瓮城、罗城、箭楼等，南方有的城市还设有水门。上述各种设施共同组成了一个完整而又严密的防御体系，大大提高了古代城市的军事防御能力。

（三）布局完整

古城布局完整，自古就有与之相关的一套制度，对古城的各项规划有着明确规定。战国典籍《周礼·考工记》记载：“匠人营国，方九里，旁三门，国中九经九纬，经涂九轨，左祖右社，面朝后市。”也就是说，标准的城市面积为 9 平方里，每侧有三门，城市里共有 9 条南北向干道，9 条东西向干道，每条干道路幅宽 9 轨（一轨为两轮马车轮间距），左面（东侧）为祖先的宗庙，西侧为祭天地的社稷坛，南侧是皇宫，北侧是集市。可见，早在先秦时期就已经有了古城布局结构的严格规划。经过历朝历代的发展，我国古城的结构愈发完善，在明清时期达到了顶峰，如明清重要的宫廷建筑紫禁城就是古城建筑的集大成者。

（四）设施完善

中国古代都城的设施十分完善，衣食住行一应俱全，给城中居民提供了极大的便利性。古城中大多设有“市”供百姓们交换和采购，如明清时期的北京城的市场和店铺共有 132 行，分布于皇城四周的大街小巷之中，并形成东单、西四牌楼、正阳门、鼓楼四个商业中心。其他如城市的道路、交通、绿化、饮水、排水、防火、报时、报警等设施更是一应俱全，十分完善。

（五）地域性强

我国疆域辽阔、地形各异，在不同的地区生活着不同的民族，而不同的民族根据当地的气候情况与文化习俗，又产生了不同的生活方式，这在其城市的建造上也有所体现。虽然各都城都遵循着城郭分明、防御严密等共通的特点，但是又同时显现出各自的独特性与地域性。例如，凤凰古城处于湘西土家族苗族自治州，这里气候温暖湿润，城中建筑多为各种吊脚楼；而处于山西地区的平遥古城则与之形成强烈反差。

二、平遥古城

平遥古城，是目前我国境内保存最完好的一座著名古城，无论是历史文化底蕴、建筑风格，还是艺术创作水平，都达到了较高的水平，给人们展现出了一幅非比寻常的古代城镇画卷。

平遥古城位于今山西省晋中地区，该地区地势平坦、土地肥沃、四季分明、气候宜人，巧妙避开了西部山区的风沙，又具有极为适宜耕种与劳动的地理条件。

平遥古城始建于公元前 9 世纪至公元前 8 世纪之交，其历史悠久，文化底蕴丰厚，相传曾是帝尧的封地。至今日，平遥历经千年风霜，见证了历朝历代更替的过程，为我们展现出了一幅无与伦比的宝贵历史画卷。1986 年，国务院公布平遥古城为第二批国家历史文化名城之一；2015 年，平遥古城被评为国家 AAAAA 级旅游景点，是我国重要的旅游名城之一。

平遥古城主要景点有平遥县衙、日升昌票号、平遥文庙等。

（一）平遥县衙

平遥县衙位于平遥古城中心，是古城内最主要的旅游景点之一。据记载，平遥县衙始建于北魏时期，后来几经改造与修缮，最后于清朝时期基本定型，是目前我国国内存在规模最大的县衙。平遥县衙位于衙门街，坐北朝南，东西宽度为 131 米，南北长度为 203 米。建筑总体布局合理，严格遵循主次尊卑的传统文化。

县衙大门之外有一照壁，大门右侧有申明亭，最早修建于公元 1620 年，当时明朝政府要求“凡民间应有词讼，许耆老里长准受于本亭剖理”。可见，明朝时期申明亭具有重要作用，是民众与官府沟通交流的一个重要场所，与如今的民事调解处较为相似。

赋役房，是当时衙门收取税赋的地方，在政治昌明、社会稳定的时期，人们尚有余钱可以上交，而社会动荡、民众穷苦之际，居民们只能上交粮食，以代替银两。赋役房北边修建有两间小房，“东为灶火，西为柴炭，供衙役人等自己烧水、做饭”。

仪门，意味着礼仪之门。该建筑主要代表封建社会的礼教文化，包含三门，东门为“人门”，西门为“鬼门”，平日里此两门均可随意出入，中门平常则保持关闭状态，供县太爷出入。假如需要提审或押出犯人，则要走“鬼门”。

六部房，以我国封建政治制度“三省六部制”为名，三省六部制度源于隋唐时期，当时统治者设中书省、门下省、尚书省，又在三省之下分设六部（吏、户、礼、兵、刑、工）分管国内的各项事宜。六部房则是为了适应这种行政模式而建造的办事机构，在一定程度上提高了政府的办公效率。

大堂，为知县平日办公、审理案件的场所，“在整个县衙署建筑中，规模最大，上限最高，是衙署的核心和主体建筑。堂前配有月台，象征着皇权的高贵，威仪万千”。另外，大堂之内还摆放有七品正堂的部分仪仗，东西两侧有“钱粮库”“武备库”。大堂之外，东侧为“赞政亭”，西侧为“銮驾库”。另外，衙署中还有专门用于祭祀的场所。总之，平遥衙署中各种建筑一应俱全，并且都具有其特殊的用途，为我们了解古代县衙提供了宝贵的物质财富。

（二）日升昌票号

日升昌票号，其前身为西裕成颜料庄。在清朝中期，尤其是乾隆时代之后，社会货币经济快速发展，国内货币流通交易量大幅提升，这就使得起标运银频率大增。可是长时期多次进行银两运输存在一定的隐患，于是西裕成颜料庄开始更名为日升昌票号，主要运营当时的汇兑业务，以减少运银。

日升昌坐落于“大清金融第一街”平遥古城西大街的繁华地段，是中国现代银行的开山鼻祖。从清道光初年成立票号到歇业，历经一百多年，曾经“执中国金融之牛耳”，分号遍布全国 35 个大中城市，业务远至欧美、东南亚等国，以“汇通天下”而著名。就是这样一座小小院落，开了中国民族银行业之先河，并一度操纵 19 世纪整个大清王朝的经济命脉。作为晋商文化的杰出代表，其建筑风格和规模都具有典型性和特殊性。日升昌票号采用三进式穿堂楼院，既体现了晋中民居的传统特色，又吸收了晋中商铺的风格，达到了建筑艺术和使用功能的和谐统一。

（三）平遥文庙

平遥文庙位于平遥县城东南侧，始建于公元7世纪，包含大成殿、魁星楼、文昌阁等建筑，规模较大，建筑考究。文庙中大成殿为主殿，面阔和进深均为五间，顶部结构为单檐歇山顶，殿前还建有一个月台。2001年，平遥文庙被国务院公布为第五批全国重点文物保护单位。

三、丽江古城

丽江古城，位于云南省丽江市，是我国重点旅游景区，古城历史悠久、底蕴深厚、民俗丰富、气候宜人，是一座不可多得的文化宝库。

丽江古城始建于宋末元初，公元1253年，蒙古大军南下，该部族先祖投降并归顺于忽必烈，由忽必烈驻扎并管辖。公元1382年，此地知州阿甲阿得归顺明王朝，并被朱元璋赐姓木，于是阿甲阿得便更名为“木得”，其居住之府邸便称为“木府”。次年，木得在狮子山麓修建“丽江军民府衙署”。

后来，著名旅游家徐霞客路过此地，曾留下“民房群落，瓦屋栉比”的记载，可见明朝中前期这里已经有了规模庞大的建筑群。后来随着时代发展，丽江地区的行政区划也几经变迁，中华人民共和国成立后，设丽江专员公署及丽江市人民政府。如今，丽江古城游客众多，吸引着中外游客前往游览。其魅力不仅在于绝佳的地理位置和优美的自然景观，更在于丰富的民族传统文化特色。

丽江古城的主要景点包括四方街、木府、雪山书院、黑龙潭公园等。

（一）四方街

四方街位于丽江古城中心，相传是明朝木氏土司按照自己的印玺大体形状而建造。自古以来，四方街就是茶马古道的重要交通枢纽，是一个重要的中转站，在多民族聚居的云南地区发挥着重要作用，更是当时西南地区的经济贸易中心。四方街附近存有大量文物古迹，街道建设比较规整，可以通达至古城的任何角落。在古代社会，每逢佳节四方街就人头攒动，热闹非凡，无论是各种表演还是各种商贩，都在这一带活动。如今，四方街依然保留着曾经的面貌，其四周有多条街巷，还有小吃一条街，在比较窄小的街道中，密布着大量小餐馆，各具特色。例如，有些餐馆以米线为主，有些餐馆以饵丝为主，等等。四方街最迷人的是晚上，沿河都是些大大小小的酒吧、茶楼。这些酒吧、茶楼门前大红灯笼形状各异，高高地悬挂在每户人家门前。晚间的四方街就这样笼罩在温暖祥和的气氛中，红灯笼的倒影随河水飘荡，使人心旷神怡。

（二）木府

俗话说“北有故宫，南有木府”，这足以说明木府在我国传统建筑和旅游业中的重要地位。木府位于丽江古城之中，曾是丽江土司居住的宫殿，当时交通极为不便，云南地区经济也并不发达，能够建立起如此恢宏庞大的宫殿实在令人赞叹。木府里面建筑众多，主要包括大型牌坊、木家院、皈依堂、玉皇阁、三清殿、光碧楼等。

木府的建筑颇具王者气度，但其与中原地区皇家宫殿的一贯建筑风格不同，并未建造于丽江古城正中，而是打破常规，一反“居中为尊”的观念，建造于城南角。

（三）雪山书院

雪山书院，为丽江古城中的著名景点，始建于公元1723年，当时恰逢雍正皇帝统治时期，清王朝处于综合实力上升期，对于边疆地区有相应管控措施，曾帮助丽江知府杨馝进行修缮与扩建。到清朝末年，当时的雪山书院院长又在原来基础上对雪山书院进行了改建，尤其是书院的藏书楼。

雪山书院曾培养出了多名优秀人才，极大地推动了云南地区的发展与建设。据记载，从1723年改土归流到1905年废除科举制度，雪山书院共出了2名翰林，7名文进士，61名举人，12名副榜，28名优贡和拔贡，其他贡生、廪生难以计数。

（四）黑龙潭公园

黑龙潭公园为丽江著名景点，公园中有一潭碧水从地下涌出，此为黑龙潭公园之精髓所在。而关于黑龙潭名称的由来还有这样一则传说：相传上古时期曾有十条蛟龙一起为祸人间，人民苦不堪言，却又无可奈何，只能惶惶不可终日。最后，吕洞宾得知了这一消息，他亲自出马，收服了其中九条蛟龙，将它们镇压在古塔之下，留下一条比较小的黑龙在潭中，并命令它不许再为祸人间，于是该潭水便被称为黑龙潭。

黑龙潭公园中除了有一个面积巨大的水潭之外，还具有被称为“四美”的汉祠、唐梅、宋柏、明墓，以及龙神祠、得月楼、玉皇阁、五凤楼、一文亭、文明坊等建筑。

另外，黑龙潭边还建有一特色古建筑黑龙宫，黑龙宫三进四院、绿树掩映、古朴淡雅、颇有意境。20世纪60年代，黑龙宫曾遭遇损毁，不过经过修复之后，其又焕发出了往日之风采，屹立于黑龙潭一旁。

如今，黑龙潭公园已是十分大众化的休闲娱乐场所，人们时常于此游园、爬山、攀崖、探洞、踏青、采集、骑马、射猎、垂钓、游泳、划船、漂流，即使在冬日，亦可进行滑雪、滑冰、滑道等运动。

四、凤凰古城

凤凰古城，位于湖南省湘西土家族苗族自治州，占地面积约 10 平方千米，有众多少数民族人民共同居住于此。2001 年，凤凰古城被授予国家历史文化名城的称号。

凤凰古城风光旖旎、景色宜人，曾被新西兰诗人路易·艾黎称为“中国最美丽的小城”。古城周边具有大量自然景观，同时其内部还具有众多人文景观，体现出了该地区深厚的风土人情与文化底蕴。例如，沈从文故居、熊希龄故居、黄丝桥古城等。

（一）沈从文故居

沈从文故居距今已有百余年的历史，是在沈从文先生的祖父于公元 1866 年购买的一个旧宅院基础上进行改建而成的。此处占地面积约 600 平方米，有房屋 10 间和一些庭院，为四合院风格。沈从文先生从这里出生并长大。在幼年生活中，他时而观赏庭院中精致雕刻的门窗，时而专心读书，度过了快乐而宝贵的时光。故居的独特韵味给沈从文先生之后的生活与创作提供了丰富的灵感。

沈从文故居整体建筑风格比较精致考究，虽不是富丽堂皇，却也算得上别具一格、古香古色。1991 年，沈从文故居被列为省人民政府重点文物保护单位，后又被国务院列入第六批全国重点文物保护单位名单。如今，该景点依然基本保留着曾经的样貌，并陈列有沈老的部分遗物和遗像，吸引了众多文学、史学爱好者前来观赏。

（二）熊希龄故居

熊希龄是我国著名教育家与社会活动家，不仅具有极高的学术素养，还有极强的民族责任感与爱国情怀，曾大力支持我国教育事业。熊希龄先生的一生充满了传奇性，如图 2-2 所示。

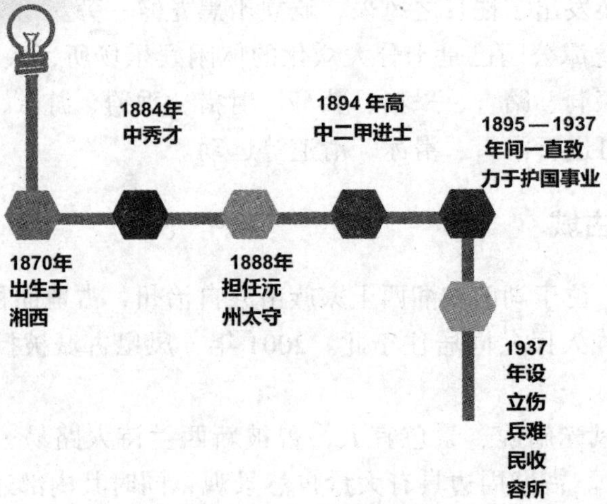
1870年
出生于
湘西
1884年
中秀才
1888年
担任沅
州太守
1894年高
中二甲进士
1895—1937
年间一直致
力于护国事业
1937
年设
立伤
兵难
民收
容所

图 2-2 熊希龄先生的一生

熊希龄故居则位于凤凰古城北文星街的小巷之中，四周环境优美、景色宜人，东行 200 米即是美丽的沱江。建筑面积约 800 平方米，建筑方式较为考究，蕴含丰富的苗式建筑特色，建筑总体虽比较矮小，却不会给人以压迫之感，布局合理，构造精妙，十分精致。

进入熊希龄故居，先映入眼帘的便是一个天井，这给较为封闭的四合院增添了一丝开阔之感，也提供了更好的采光条件。左侧是一个小型会客厅，东侧是柴房，其中放有烧火做饭所使用的一些材料，据说熊希龄小时候十分喜欢在柴房附近玩耍，这也使他养成了乐于体察民间疾苦、乐于了解当地民情的情操。径直走过天井即可进入正室，正室门口写有一副对联“一生赤诚爱国盼中华振兴，半世慈善办学为民族育才”，这展现出了熊希龄先生一生的伟大抱负与远大志向，更是他一生的真实写照。正室主要结构是三间两层，陈列着熊希龄先生曾经使用过的各种物品，包括衣物、工作用品、文学著作等。在观赏其故居的过程中，我们能够深切体会到熊希龄先生对于国家、对于教育事业的满腔热忱。该景点于 2000 年初次对外开放，为重点文物保护单位，目前是人们游览凤凰古城过程中必去景点之一。

（三）黄丝桥古城

黄丝桥古城为凤凰古城著名景区之一，是“城中之城”，具有其自身特色。该古城建造于公元 686 年，具有 1 300 多年的历史，占地面积 2 900 平方米，周长为 686 米。起初，该古城为土质结构，后改造为石质建筑，并经过历朝历代统治者多次修缮与维护，如今成了风格独特、底蕴深厚的文化景观。

古城城墙高 5.6 米，厚 2.9 米，宽 2.4 米。在城墙上还建有大大小小各种箭垛，漫步于城墙之上，仿佛仍能见到刀光剑影、冲锋搏杀的场景。古城有三个城门，分别为“和育门”“实成门”“日光门”，城门处均建有规制高大的城楼，城楼顶部构造为歇山式，下层覆盖以腰檐，上布小青瓦，飞檐翘角，颇具特色。

古城之中还建有一座御花园，相传此花园为武则天下令修建，园中最大特色莫过于石像。园内石像数量众多、造型各异，有些形似巨龙，有些形似巨龟，甚至有些巨石好似展翅欲飞的雄鹰，可谓一步一景、意蕴十足。

五、大理古城

大理古城，位于我国云南省大理白族自治州，是国务院公布的中国首批 24 个历史文化名城之一，是中国古城旅游文化中最为著名的古城之一，为国家 AAAA 级旅游景区。大理古城历史悠久、底蕴深厚，承载了该地区众多的历史文化、民俗文化、宗教文化、自然景观文化。

从古至今，这一地区始终发生着不同民族、不同文化的碰撞与交流，展现着丰富多彩、璀璨异常的民族融合现象。总之，大理古城不仅承载了我国大量旅游文化，还为我们研究民族学、历史学提供了宝贵的资源与借鉴，是一座不可多得的文化宝库。

大理古城景点众多，古迹遍布，城池基本格局仍旧保存完好，主要景点如表 2–4。

表2–4　大理古城景点

类　别	名　称		
自然景观	苍山	洱海	天生桥
	清碧溪等	银箔泉等	花甸坝
人文景观	大理古城	太和城遗址	崇圣寺三塔
	普贤寺	城隍庙	龙首关遗址
	羊苴咩城遗址	杜文秀墓	元世祖平云南碑

（一）崇圣寺三塔

崇圣寺三塔位于大理古城附近，与苍山洱海相映成趣，是大理地区最为著名的古刹，三塔气势恢宏、规模庞大、巍然屹立、雄伟壮观。1961 年，崇圣寺三塔被国务院公布为第一批国家级重点文物保护单位。

三塔由一大二小三阁组成：一大指的是“千寻塔”，高度近 70 米，共 16 级，为大理地区典型的密檐式空心四方形砖塔；二小塔分立于千寻塔南北两侧，高度均为 42 米，共 10 级，为八角形密檐式砖塔，八层以上是实心，八层以下是空心，外形轮廓好似锥形，属于典型的宋代建筑风格。

据记载，崇圣寺始建于公元 9 世纪上半叶，先建立的为大塔，而后又修建了两座小塔。建成之后，崇圣寺人声鼎沸，香火极为旺盛。由于种种原因，清朝时期崇圣寺毁于一旦，虽然曾经的崇圣寺已经不复存在，但是留下了这三座塔，并保存至今。近些年，崇圣寺三塔旅游区有关部门对三塔景区合理规划、统筹协调，进行了科学化、系统化、体系化管理，时常对其进行修缮与维护，并重修崇圣寺，使得该景区荣获 8 个全国之最，重现了当年的辉煌盛景。在三塔旁边，还有一个后来建造的三塔倒映公园，公园占地 27 亩，坐北朝南，园中潭水能够清晰倒映出三塔的风姿。在水潭西侧建有高约 5 米的大理碑亭，过亭沿曲廊行数米，可达水中的漾波亭。亭为六角，雕梁画栋，亭柱朱红，与碧水蓝天相辉映，令人心旷神怡。漾波亭南侧有一小岛，岛上塑有一对栩栩如生的白鹤，水中倒影与漾波亭相映成趣。

（二）太和城遗址

太和城遗址位于大理下关镇，距离大理市区大约 5 千米的路程。据记载，太和城曾为“南诏国”都城，后来经过朝代更替、历史变迁，于明朝之后开始逐渐没落，时至今日曾经的太和城已经不复存在。20 世纪末期，在我国相关部门的引导之下，云南考古人员对太和城遗址进行了多次考古挖掘与勘探调查，并取得了一定成绩。2004 年，云南考古研究所又对遗址城墙进行发掘，发现了大量南诏时期的文物。可见，太和城遗址对于历史研究与考古学发展具有一定积极作用。

太和城遗址分内城、皇城及外城 3 部分，内城有半圆形瓮城，德化碑前的古道为城内的南北大街，皇城、外城的建筑由石垒筑成，金刚城内宫室的建筑以木料为主；外城南北城墙东段墙体主要用黑色淤泥掺加砂石等夯筑，有黄色细沙夯筑的墙基及基槽，墙体内外两侧有挡墙柱等。金刚城遗址在太和城山顶，是太和城内的一个小城，平面呈不规则的圆形，和太和城北城墙西端相连结，位于佛顶峰上，用土夯筑而成。修筑时，恰逢唐朝赐南诏《金刚经》，所以取名为“金刚城”，是当年南诏的避暑宫。

六、阆中古城

阆中古城与山西平遥古城、安徽歙县、云南丽江古城并称为我国目前保存最为完好的四大古城。

阆中，又名巴西、保宁，位于我国四川省大巴山附近。公元前4世纪，这里曾经是古代巴国的都城，后来秦国在这里建立了阆中市。明清时期阆中一带也受到统治者的关注，并被多次修改行政区划，清朝初年曾将四川省会临时设置在这里。但是随着时代发展，阆中逐渐受到“冷落”，逐渐退出了历史的舞台。

中华人民共和国成立之后，由于政府和有关部门对于旅游文化的重视与支持，阆中再次焕发出往日的“生机”。1984年，四川省城乡建设环境保护厅与相关领导一致表示，阆中地区具有悠久的历史文化，包含大量历史文物，同时阆中物产丰富、环境优美，应当被列为“四川省历史文化古城”。两年后，申报顺利通过，阆中被国务院批准成为历史文化古城，自此以后，阆中古城的保护工作与旅游业的发展工作都被提上了日程。如今，阆中古城已经成为国家AAAAA级著名旅游景区。

（一）古城

阆中古城总面积为4.59平方千米，建筑总体风格趋于一致，均体现了我国传统建筑中浓厚的山水观念与棋盘格局，一方面要将建筑与景观融为一体，突出古人“以天地为家”“与自然和谐一体”的传统思想，另一方面要遵循古代建筑“对称”“中庸”等原则。古城中心建有中天楼，中天楼寓意深刻，指位于“天之中心”。以中天楼为中心，向四周扩散，建有各条街巷，街巷中房屋众多、鳞次栉比，多数为明清时期建筑。“古城功能布局非常清晰合理，古城中心区为道府、学府和达官贵人活动区，城东门外是原交通、商贸区，现存古城绝大部分是当时商贸区，古中心城区仅留少许部分。”[①] 可见，阆中古城虽然年代久远，但是其自修建之日起，便已经有了比较明确的规划与设计。

---

① 蒲湘玲．四川阆中现当代旅游的发展[D]．成都：四川师范大学,2012:11-12.

（二）汉桓侯祠

汉桓侯祠，即张飞庙。据史书记载，张飞曾经镇守阆中一带，他掌握阆中约 7 年，在这 7 年间，人民安居乐业。张飞死后，人们十分怀念他，并崇敬其忠勇之气节，于是专门修建了这一祠堂，而其如今已是阆中旅游必游之处。

汉桓侯祠包含山门、敌万楼、左右牌坊、东西厢房、大殿、后殿、墓亭、墓冢等建筑，多数建筑均建于清朝时期，其中敌万楼历史较为久远，建成于明朝时期。祠堂整体构造颇为考究，具有威武、大气之气势，又有一些精妙构造藏于其中，给建筑增添了几丝灵动之气。

进入大门之后，先映入眼帘的就是敌万楼，敌万楼气势不凡，与张飞当年统兵之时的豪气干云形象相呼应，楼上巨匾写有“万夫莫敌”等字眼。

穿过敌万楼，映入眼帘的就是大殿，大殿建于宽阔高大的台基之上。大殿周边的栏杆、步道均雕刻有精美、巧妙的各种图案，如狮子、花卉等。进入殿中能看到两米多高的张飞文像，张飞端坐于神龛，横眉瞪目，给人以强烈的威严之感。

（三）川北道贡院

川北道贡院，即阆中贡院，其历史悠久、建筑风格独特，不过部分已遭损毁，如今所见仅为 19 世纪之后的建筑。

川北道贡院坐北朝南，包含考试区与办公区，主要建筑为大门、龙门、考棚、志公堂、明远楼等。龙门，取“鲤鱼跃龙门”之意。古人时常以典故进行比喻，如果顺利考取功名，则意味着跃过龙门，实现了“学习”到“学成”的飞跃，该建筑建于此一般供考生临时休息。志公堂，一共包含三间正厅，堂内放置有孔子像，是监考官监考和批阅试卷的场所。

第五节　中国陵墓建筑文化

一、中国陵墓建筑及其特点

陵墓建筑是我国古代建筑的一个重要类型，蕴含了丰富的传统文化元素，包含着古代人民关于祖先崇拜与灵魂崇拜的传统思想内容。时至今日，历史上留存下来的诸多陵墓建筑，已成为世人的重要旅游资源。

自新石器时代开始，就已经出现了早期的陵墓建筑，这时的墓葬多为长方形或方形的坑墓，坑墓深浅不一，有些可深达十多米。坑墓中往往有大量的殉葬品，包括奴隶、牲畜等。随着时代发展，社会的生产水平有了显著提高，帝王的陵墓自然也有了明显的变化。坑墓中的随葬品在种类和数量上都逐渐多了起来，包括各种奇珍异宝、稀世珍品，寝宫的装饰也愈发华丽。

秦汉时期，我国的帝王陵墓建筑开始走向成熟，这一时期的秦始皇陵、汉高祖长陵、汉文帝霸陵、汉武帝茂陵等均成为后世宝贵的文化遗产。这些陵墓建筑也开启了后世帝王陵墓发展的新阶段。

唐朝可谓中国陵墓建筑发展史上的重要阶段，唐代帝陵则是中国封建社会发展高峰时期墓葬制度的代表，这一时期的帝陵气势宏伟，建筑布局严谨，随葬品丰富，蕴含极高的历史、科学价值。除了和陵（在河南洛阳）、温陵（在山东菏泽）外，其余都在陕西省，所以学者又时常称唐代帝陵为关中十八陵。这十八陵包括献陵、昭陵、乾陵、定陵、桥陵、泰陵、建陵、元陵、崇陵、丰陵、景陵、光陵、庄陵、章陵、端陵、贞陵、简陵、靖陵。从唐太宗李世民葬九嵕山开始，除唐武宗端陵和唐僖宗靖陵外，其他君王的陵墓都构筑在山上。“依山为陵”一方面是为了显示雄伟气势，另一方面是为了起防盗的作用。

北宋皇陵也具有十分庞大的石刻群，这些石刻群是现代学者研究宋朝雕刻艺术和墓葬文化的重要依据。此外，宋陵有不少碑碣都出自名人之手，也是研究中国书法艺术的珍贵资料。

明清时期，陵墓较之前朝代有所变化，如多为灰砂墓，葬具多为木棺、陶棺、石椁、石棺等，碑刻也更加详细，能够使后人更加清晰准确地了解墓主人的相关信息。明朝陵墓是我国古代陵墓建筑发展史上的又一高峰，除了太祖孝陵位于江苏南京之外，其他明代皇帝的陵墓均位于北京昌平区，共计 13 座，所以又被称为明十三陵，是当今著名旅游景区。明朝的陵墓规模浩大，规制比唐朝更加完善，十分注重风水，陵墓仍然背山而建，并在陵区前设置总神道，建石象生、碑亭、大红门、石牌坊等，以营造出一种十分庄严的氛围。清朝陵墓在规制上基本沿袭明代，不同的是陵冢上增设了月牙城。清陵依其分布状况可分四区，分别为清永陵、清福陵和清昭陵、清东陵、清西陵。

二、秦始皇陵

秦始皇陵是我国历史上第一位皇帝的陵墓，充分展现了 2 000 多年前我国劳动者的智慧，入选为“世界八大奇迹”，于 2021 年入选为全国“百年百大考古发现”。如今，秦始皇陵作为我国AAAAA级重点旅游景区，为秦汉时期传统宫廷建筑之典范，其多种建筑技术至今仍是未解之谜，被世界各国专家学者广泛研究。

（一）秦始皇陵建造简介

秦始皇陵的营建工程极为浩大，消耗了大量人物、物力、财力，其最大特征便是共有兵马俑坑三个，其中保存有大量兵马俑，是世界历史上最为奇特的古代帝王陵墓。

秦始皇陵规模之浩大、营建过程影响之巨大都是前所未有的，是一场旷日持久的“拉锯战”。秦始皇嬴政于13岁登基，自嬴政登基之日起，他便一直致力于国家各项事业的发展，同时为了向后世彰显自己的武功军威，展现秦王朝强大的军事实力，嬴政将自己陵墓的营建工程排上日程，希望打造出旷世古今的庞大陵墓。其实，关于帝王修建陵墓的习惯早已在我国大地形成，并且帝王对此都十分重视，如赵肃侯15岁时开始修建“寿陵”。相传，秦始皇陵的营建工作于公元前247年就已经初步开始，前前后后共耗时约39年，甚至到秦始皇去世时帝陵都尚未修建成功，直到秦二世即位一年多之后才彻底完工。

秦始皇陵的修建过程基本上可以分为三个阶段，分别为前期、中期、后期。前期，即秦始皇即位之初直到统一全国的26年间，这期间先是确立了陵墓的主要思路、基本规模、建筑格局，为之后的修建与完善打下了坚实的基础；中期，即秦始皇统一全国之日到秦始皇三十五年的9年间，这期间完成了秦始皇陵的主要工程，主要建筑在此时定型；后期，即秦始皇三十六年至秦二世二年，耗时3年，这期间陵墓的主体结构已经完成，剩下的只是收尾工作和覆土工作。

（二）秦始皇陵建筑布局

秦始皇陵规模巨大，分为陵园区与从葬区。陵园区整体按照咸阳城仿建，为“回”字形，这也符合古人“事死如事生”的传统思想，加之秦始皇十分热衷修仙问道，相信人之有灵，于是仿照自己的国都建造皇陵陵园。陵园包含两重城垣，建有高大的门阙，以及大量富丽堂皇的宫殿建筑群，尽显当日咸阳城之繁华。陵园可以分为四个层次，分别为外城之外、外城、内城、地宫，其中地宫为整个皇陵的核心所在，里面藏有大量奇珍异宝。内城建筑众多，南部区域为重点，建筑比较密集，而北部区域属于附属区。外城象征着京城内的厩苑、囿苑及园寺吏舍。外城之外为最附属、最边缘地带。

纵观秦始皇陵，其主要体现出如下几种特点：

第一，陵墓数量少但极为尊贵。在秦始皇之前，许多帝王虽然都有自己的陵园，但是往往修建不止一座坟墓，如战国魏国陵园中有 3 座坟墓。而秦始皇只修建一座，这是由于秦始皇是第一位统一全国的皇帝，其地位自然要比之前的诸侯王高出不少，所以其坟墓异常巨大，体现出秦始皇冠绝古今的尊贵地位和一家独尊的特点。

第二，封冢位置特殊。之前的陵墓都将封冢位置放在陵墓正中，而秦始皇陵却把封冢位置放在了内城南部。许多学者与考古学家对此也进行了深度研究，研究表明这可能是由封冢“树草木以象山”的设计思想所决定的，目前已成为秦始皇陵一大特色。

第三，机关众多，危机重重。历代许多帝王认为人死后会有灵魂，灵魂将居于陵墓之中，当然不希望自己的灵魂受到外人的打扰，于是便会为此设计一些机关。秦始皇陵的机关十分严密，其精妙程度即使在今日也难以超越。例如，如果误入机关触发处，将会被强弩射死，即使侥幸逃过，也会掉入陷阱，同时陵墓中还有大量有毒物质，包括水银等，逃出陵墓可谓难于登天。

（三）兵马俑

原始社会末期，许多部落实行人殉，至封建社会已经有所改变，不再使用活人殉葬，秦始皇时期开始采用陶土制成的人、马、车等陪葬，此为秦始皇陵中最为重大的奇观。

兵马俑由秦朝丞相李斯主持总体布局，命大将章邯任监工建造而成。兵马俑坑共有三个，坐西向东呈品字布局，其中一号坑最大，有大量战车、步兵；二号坑为佣坑之精髓，有各种各样的陶俑造型，如持弓弩跪射俑、骑兵俑、混编佣等，体现了古代陶俑建筑艺术的至高水平；三号坑规模较小，没有大量“士兵”，相当于一个“指挥所”，该坑是三个佣坑之中唯一一个没有经过烈火焚烧的佣坑，文物保存较为完整，甚至存有完整鲜艳的彩绘。

经过考古学者细心发掘与研究，我们出土的兵马俑主要包括如下种类。

1. 车士俑

车士，指古时战车之上除驾车者之外的另一士兵兵种，一般一辆战车上具有两名车士，分别位于驭者两侧。车士俑模拟车士制作，身穿铠甲、手持长戈，体现出随着准备作战的紧张感与压迫感。

2. 立射俑

立射俑大部分出土于二号俑坑，由于其均为站姿，手持弓弩，故得此名。立射俑身穿较为轻便、易于活动的战袍，与《吴越春秋》中所描述的射箭姿势基本一致。

3. 跪射俑

跪射俑均为手持弓弩的士兵形象，特殊的是它们全部为单膝跪地蹲状，它们身穿战袍铠甲，左腿蹲曲，右膝着地，表现出持弓单兵的日常操练动作。值得注意的是，跪射俑鞋底疏密有致的针脚被工匠表现出来，十分真实，其精妙的制造技术为人惊叹。

4. 武士俑

武士俑均为普通士兵形象，身形高大，约 1.8 米，其在所有陶俑中数量最多，是战争的主力部队。

5. 铜车马

铜马车均为青铜所铸，并加以其他材质部件，由焊接、子母扣等技术构成。一般铜马俑为白色，其他部位也是运用矿物颜料调和而成，体现出秦始皇时期车马大军的雄壮之威。

总之，兵马俑在我国艺术史上具有极高的价值。一方面，兵马俑具有极高的艺术价值，包括其中的彩绘艺术、雕刻艺术、铸造艺术均体现了古代中华文明的精髓。即使在今天，兵马俑的有些技术手段也值得人们学习和研究。例如，兵马俑手持的各种兵器都经过特殊处理，经过千年却依然能够焕发光彩、保持锋利，此为世界冶金史的典范。另一方面，兵马俑具有极高的文化价值，体现出我国奴隶社会向封建社会转变时期军队的基本状况，给后人研究秦朝军事、政治历史提供了宝贵的借鉴。

三、唐太宗昭陵

唐太宗昭陵是唐朝第二代皇帝李世民的陵墓，是陕西关中“唐十八陵”中规模最大的一座。1961 年，国务院公布其为全国重点文物保护单位。现已在陪葬墓中的李勣墓建立了“昭陵博物馆”，昭陵陪葬墓出土的 300 多件珍贵文物就陈列于馆中，供络绎不绝的游人欣赏。

（一）昭陵简介

昭陵位于陕西省礼泉县东 22 千米九嵕山的主峰。九嵕山山势突兀，海拔 1 888 米，地处泾河之阴、渭河之阳，南隔关中平原，与太白、终南诸峰遥相对峙，东西两侧层峦起伏，亘及平野。昭陵的玄宫（墓穴）凿建于九嵕山南坡的山腰间，陵园方圆60千米，气势壮观、雄伟非凡。与秦汉时期不同，唐代陵墓多沿用魏晋和南朝流行的办法，即在天然山峰的中部开凿墓室，不起土堆，节省了不少人力物力。

昭陵从贞观十年（公元636年）长孙皇后死后开始营建，直到贞观二十三年李世民入葬方告完成，共耗时13年。昭陵主峰迤逦而南，范围极为广泛，占田约30万亩，有107座功臣贵戚陪葬墓，这种笼络臣僚的手段袭自西汉，而陪葬墓数目之多，是历代帝王陵寝之首。这庞大的陪葬墓群呈扇形位列主陵两侧，衬托出昭陵至高无上的气概。陪葬者除了皇族外，大部分是文武功臣，他们是协助李世民父子统一中国、创设大唐帝国的重要人物。此外，还有一些少数民族首领也有幸陪葬。

（二）昭陵建筑布局

昭陵陵山四周围绕垣墙，墙四隅建有角楼，墙正中各开一门，东西南北分别为“青龙”“白虎”“朱雀”“玄武”。陵园的主要建筑是献殿（上宫）和寝宫（下宫）。献殿位于朱雀门内，正对山陵，是上陵朝拜和举行祭祀活动的场所。寝宫建在陵山墙外的西南角，是供唐太宗灵魂起居的场所，守陵官员和日常侍奉人员也住在这里。有人曾根据唐太宗生前的生活习惯推测，其陵墓必然与他所宣扬的薄葬思想一致，但事实上，昭陵内部十分豪华，建筑布局规模宏大，而所谓的薄葬只是太宗为了掩人耳目，使陵墓内部更加安宁，防止盗墓贼“光顾”。

昭陵玄宫高悬，墓道至墓室深250米。墓道前后有五重石门，墓室宏伟富丽，与阳间的宫殿无异。中室为正寝，东西厢房中摆放着石床，床上石函的铁匣里全部是前朝的书画，其中就有东晋大书法家王羲之手书的《兰亭序》真迹。

昭陵的墓门外沿山腰还建有许多木构的房舍游殿，供唐太宗的灵魂游乐，里面还有宫人如常侍奉。由于玄宫前面山势陡峭，来往不便，又顺山旁架设栈道，悬绝百仞，左右盘旋，需绕山300米，才能到达墓门。另外，昭陵中的石刻艺术也堪称一绝，如重要陪葬者的碑碣，六骏浮雕，蕃酋石刻像等技艺精湛，精美非凡，更兼高大雄伟，与高耸的山陵浑然一体，和谐中显出蓬勃昂扬的风貌。

第三章　园林旅游资源与文化

第一节 中国园林的起源与发展

一、中国园林基本简介

园林是我国文化宝库中的瑰宝，承载了太多我国关于传统建筑的文化内涵。对园林古建筑进行研究既有利于传承和保护传统文化，又有利于做好城市的绿化工作，更是我国振兴文化产业和发展旅游业的需要。

说到园林，人们第一时间可能会想到“苏州园林”，但谈及园林的起源，或许大众并不了解。园林在我国实际上具有悠久的历史，这是因为受到传统礼乐文化的影响，统治者希望通过园林中的各种景观表达传统思想文化中的内容，同时也因为古时人们休闲活动较少，需要一座能够供统治者放松身心、陶冶情操的场所。

国内关于园林的起源有不同的看法。周维权先生认为：“囿和台是中国古典园林的两个源头……‘园圃’也应该是中国古典园林除囿、台之外的第三个源头。”① 汪菊渊先生认为：“中国园林是从殷商开始有的，而且是以囿的形式出现的。”② 综合以上研究，可见中国园林的起源与“囿”紧密相关。“囿”，最早是皇家专门狩猎和游玩的场所，后来发展为集各种娱乐观赏于一体的综合性建筑群。据记载，中国历史上最早的园林出现于周武王时期，经历了先秦、秦汉、魏晋南北朝、唐宋、明清等多个发展阶段，距今已经有 3 000 多年的历史。在历史上，诸多文献典籍也曾有关于“园林”的记载。例如，宋代周密曾撰有《吴兴园林记》，明朝计成《园冶》对于园林也有详细的描述。此外，古诗词中也十分常见“园林”一词。例如，“天供闲日月，人借好园林”“园林巧于因借”等。由上足见园林对于我国建筑发展的重要影响。

二、中国园林的发展变迁

（一）先秦时期

上文关于园林的起源已经有所论述，最早的园林具有其他称呼，如

---

① 周维权.中国古典园林史（第三版）[M].北京：清华大学出版社，2015:6.

② 汪菊渊.中国古代园林史[M].北京：中国建筑工业出版社，2012:10.

“台”“囿”“圃”等，虽然称呼不同，但是此时的这类建筑可以视为园林的前身与雏形。具体而言，“囿”是就一定地域加以范围，让天然的草木和鸟兽滋生繁育，并在其中挖池筑台，供帝王贵族们狩猎和游乐。除部分人工建造外，大片的还是朴素的天然景象。①而“台”则是古时建造的亭台楼阁，如夏启曾建造钧台，纣王曾建造鹿台。“周朝的《诗经》中不少篇幅描绘了山川植物的魅力，并有了园林（栽培农林作物的场所）的概念。”②综上可以看出，我国的园林发展与囿、台、猎苑等紧密相关。事实上，从字形分析“囿”也可窥见其与园林联系的端倪，“囿”的古体字看上去就好似在围栏内打猎食物。

另外，台榭也是中国古典园林早期的表现形式。“甲骨文中的‘榭’表示靠山之房，字中间弓箭表示可供人习武，后演化成今天的式样。”③据史料记载，纣王命人建囿的规模巨大，占地千里，而周文王懂得劳民伤财之危害与保民之优势，并没有盲目追求规模。

此外，周朝还对天子和王公大臣可拥有的囿的规模进行了严格的限制，周朝规定：“天子可有囿百里，大国（诸侯）四十里，中等国三十里，小国二十里，自此各地营台成风”④。可见，周朝时期园林已经有了一定规模的发展。这时人们对于木材的开采、加工、使用都已经愈发纯熟，并在园林中广泛应用。

（二）秦汉时期

秦朝是我国第一个统一封建王朝，这时社会生产力有了明显提升，先秦时期的“囿”“台”等建筑无法再满足封建统治者的需要，于是逐渐出现了大量以宫室为主体的建筑宫苑。例如，秦始皇在统一中国的征程中，每消灭掉一个国家，为了铭记和彰显自己的武功军威，也为了更好地统治和管理国家，便在咸阳原上仿建被灭之国宫室建筑，把其他诸侯国的贵族接到咸阳，所以在当时一段时间咸阳城热闹非凡。这时的园林建造与先秦时期已明显不同，不再只是满足帝王单一性的需求，如打猎、观赏，而是集多种功能于一体，并加入了一些神秘色彩，包括当时秦始皇命人打造的“蓬莱山”，就体现了其对于神秘元素的崇敬与向往。

汉朝“把早期的游囿发展到以园林为主的帝王苑囿行宫，除布置园景供

① 葛静．中国园林构成要素分析 [M]. 天津：天津科学技术出版社，2018:15.

② 同上．

③ 同上．

④ 葛静．中国园林构成要素分析 [M]. 天津：天津科学技术出版社，2018:16.

皇帝游憩之外，还举行朝贺，处理朝政”[①]。可见，这时古典园林的发展比秦朝更进一步，园林有时也会作为朝贺与勤政的场所。

汉朝时期最为著名的园林莫过于上林苑，上林苑本来建于秦朝，但是当时规模并不大。汉武帝希望修建规模更大、体系更完善的皇家苑囿，于是公元前138年命人在秦朝旧苑的基础之上加以扩建，建成了我国早期规模最大的皇家园林。《汉书》中曾记载有关上林苑的盛况，当时上林苑中饲养百兽，天子时常利用休闲时光在上林苑中打猎游玩，苑中还建有“离宫七十所”，规模十分庞大。《关中记》中有记载，上林苑中有36苑、12宫、21观，有供游憩的宜春苑、供御人止宿的御宿苑、供太子设置招待宾客的思贤苑与博望苑等。上林苑中还建有许多池苑，见于文献记载的有昆明池、镐池、祀池、麋池、牛首池、蒯池、积草池、东陂池、当路池、太液池、郎池等。

另外，汉朝还出现了与皇家园林相对的私家园林，此前基本所有的园林均为皇室所建造。此时出现私家园林，也意味着我国古代的生产力已经提升到一定程度，否则官员或富商根本难以支付高昂的建造费用。例如，《西京杂记》记载武帝时期袁广汉曾建有私家园林，园林“东西四里，南北五里，激流水注其内，构石为山，高十余丈，连延数里”[②]。

（三）魏晋南北朝

魏晋南北朝是我国发展历史上比较特殊的一段时期，共300多年，而这些年我国人民始终生存于战乱之中，各国纷争不断，民众苦不堪言。同时，这一时期各种思想在我国大地上“遍地开花”。第一，我国一直以来的思想“正统”儒家思想持续发展，统治者仍然提倡忠君爱国、三纲五常等封建思想；第二，道教开始产生并快速发展，道教推崇清静无为，许多名士受道教影响都希望找一消极避世之所，不问世事；第三，佛教传入中国，佛教修来世、重因果、讲善缘。虽然儒学思想并未没落，但道教与佛教思想对当时社会影响十分强烈，尤其是当时诸多文人墨客十分推崇“出世哲学”，他们对于现实失去希望，反而钟情山水，寻找超脱之法，纷纷寻访名山大川或归隐田园，这极大地促进了这一时期园林艺术的发展。例如，著名的《兰亭集序》也是在这种条件下产生的。晋朝北方为胡人占据，汉族士大夫避难江南，秀丽的山水为他们提供了丰富的欣赏对象。[③] 人们建筑艺术价值取向与审美取向的转变，在一定程度上影

① 葛静．中国园林构成要素分析[M]．天津：天津科学技术出版社，2018:3.

② 葛静．中国园林构成要素分析[M]．天津：天津科学技术出版社，2018:4.

③ 葛静．中国园林构成要素分析[M]．天津：天津科学技术出版社，2018:5.

响了园林的发展方向，激励着我国园林朝着更加深入的方向去探索和发展。

这一时期我国也开拓了多元的园林建筑，如“梁元帝萧绎的东苑囿数百米长的假山洞……魏铜雀、金虎、冰井三台有机械阁道相通，由人操纵可断可接，令人赞叹”①。可见，魏晋南北朝时期的园林技艺已经有了一定的科技性。

（四）唐宋时期

隋唐结束了华夏大地300多年的纷争与战乱，开创了政治清明、意气风发的新时代。随着隋朝统一全国，以及隋朝初年开始实行一系列新政，我国经济快速复苏，并呈现稳健的发展态势，这给我国园林艺术发展带来了充足的动力。“隋朝最著名的、最为宏伟的西苑为隋炀帝所建。”② 建造西苑是隋炀帝登基后所办的第二件大事，西苑规模浩大，其中建有“三山”“五湖”，以及各种花草，这代表我国造园艺术进入了新的阶段。

唐朝园林承袭了之前园林艺术的精华，同时深受鲜卑族人影响，因此在建造上更注重体现建筑的雄浑气魄，有了些许的粗犷之风。唐朝的文学艺术取得了长足发展，唐诗成了后世人们认知唐朝文化最广泛的途径，而且唐朝文学思想也在园林建筑中有所体现，促使建筑更加注重写意。在很多时候，园林的设计者、建造者很可能同时也是诗人或画家，他们以更加专业的眼光，站在宏观的视角，对园林进行充满新意的设计。例如，王维的辋川别业、白居易的庐山草堂尤为著名。后者还明确提出了“城市山林”的园林美学概念，对后世城市园林的发展有着重要的影响。③

进入宋朝，我国古典园林的建造风格已经基本完善并定型，这一阶段十分流行修建宅第园池，许多文人墨客、知名画家、建筑工匠都共同参与造园工作，开创了建园的新风气。这一时期比较具有代表性的园林有宋徽宗命人兴建的“寿山艮岳”，该园林气势恢宏、体系庞大，园林中奇山异石造型丰富，各具特色，尤其是叠石堆山的技术已经达到了极高的水平。另外，宋朝时期私家园林发展速度很快，最为典型的为董氏西园，该园林“景物呈序列变化：正堂小桥—离台—林中草堂—竹林水池—大湖—高亭，背景可望而不可即”④。私家园林的快速发展极大地丰富了园林的风格。

---

① 葛静．中国园林构成要素分析 [M]. 天津：天津科学技术出版社，2018:5.

② 同上．

③ 龚鹏．旅游文化 [M]. 北京：北京理工大学出版社，2016:65.

④ 葛静．中国园林构成要素分析 [M]. 天津：天津科学技术出版社，2018:8.

（五）明清时期

明清园林为我国古代园林发展史上最后一个阶段，也是古典园林艺术的最高峰，典型园林一般建于都城北京与江南一带。这一时期园林主要包含三个特点，分别为功能多、形式全、艺术性。功能多，指明清园林不仅限于观赏和游览，还增加了许多其他功能与作用，如听政、观戏、读书、礼佛等；形式全，指伴随园林不断发展以及私家园林的增多，这一时期园林有了更多表现形式，园林中既有不同民族的风格，又有不同区域的特性，十分灵活而且多变；艺术性，指园林的建筑高度艺术化，即在建造时借用许多美学理论，如移步借景、动静相兼等。明清最为著名的造园指南为《园冶》，该著作由计成所撰，全面阐述了传统造园技术与手法。

第二节　中国园林的分类与特点

一、中国园林的分类

根据不同的划分方式，中国古典园林可以被划分为不同的类别。

（一）根据园林选址与开发划分

根据园林选址与开发，可以将园林划分为人工山水园与天然山水园。前者一般修建在平坦宽阔的区域，常见于城镇之中，后者以天然景观作为选址，以部分人工景观结合自然景观，既能够节约经费，又能够给人以更多亲近自然的体验感。

（二）根据园林建造者的身份划分

根据园林建造者的身份，可以将园林划分为皇家园林与民间园林。前者指专门为帝王休闲放松和娱乐而建造的园林，这类园林普遍规模宏大、富丽堂皇、气势恢宏、影响深远，并且在古代常人根本无法进入，为今日建筑文化的瑰宝。后者指宗室、官员、富商等建造的私人园林，这类园林规模普遍偏小，因此园内较少具有真正的名山与河流，往往模拟自然景观，建造假山假水，打造出朴素淡雅的幽静感。

（三）根据园林所处的区域划分

根据园林所处的区域，可以将园林划分为北方园林、江南园林、岭南园林。北方园林建于我国北方地区，由于北部森林树木较少，所以园林风格缺乏秀美之感，不过古时历代常定都于北方，所以即使园林缺乏自然条件作为天然优势，也有气势恢宏的宫殿建筑作为补充。江南园林建于我国南方地区，江南一带气候宜人，适宜植物生长，园林中包含大量常绿植物，自然资源十分丰富，所以园林风格细腻柔美，不过面积略小、稍显局促。岭南园林建于岭南地区，而岭南相当于当今的广东、广西、海南等地，这一带由于处于亚热带，具有浓郁的热带自然风光，植被异常丰富，与北方园林形成强烈反差，比较著名的岭南园林有广东顺德清晖园、广东番禺余荫山房等。

二、中国园林的特点

中国园林发展时间跨度大，在几千年的园林发展史中，形成了多种多样的园林风格，各区域、各朝代园林都有其独特的艺术追求和表现形式，不过在诸多特异性中，中国园林也具有一定的共性与普遍性。

具体来讲，中国园林具有如下特点：

第一，中国园林尊重自然。最初的中国园林以自然界为基础，有利于节省资源，同时还能供园林主人休闲娱乐，久而久之发展出了尊重自然的特点。历朝历代中，统治者都要求在园林的建造方面尊重自然，要求不过度破坏自然，而要对其进行改造和加工，从而呈现出更加富有美感的自然园林。

第二，中国园林注重和合。注重和合是中国传统思想体系的重要内容，自先秦时期，我国就已经具有丰富的关于“天人合一”的思想。这种和合思想广泛体现在园林文化中，许多园林建筑都在一定程度上表达了建造者所期望的天人关系。

第三，中国园林追求写意。中国古文化注重山水、花草、树木，但这并不意味着古人单纯在意美景的表象，其反而更加注重这些自然美景背后所传达的意境。例如，中式造园除了凭借山水、花草、建筑所构成的景致传达和表现风景这些感官信息之外，还将中国特有的书法艺术形式，如匾额、楹联、碑刻艺术等融入造园之中，深化了园林的意境，打造出了写意的园林风格。

第三节　北方园林

一、颐和园

颐和园，为我国古代皇家园林，是北方园林文化的重要代表之一。2007年，颐和园经中华人民共和国文化和旅游部正式批准为国家 AAAAA 级旅游景区，并于 2009 年入选中国世界纪录协会中国现存最大的皇家园林。

（一）颐和园简介

颐和园的兴建需要追溯到公元 12 世纪，其位于北京西郊，有翁山，附近有一片湖，故名西湖，该地景色宜人、气候适宜。金朝贞元年间，完颜亮注意到此地景色秀丽、风水奇佳，为了便于进入中原，以及在长途跋涉后有一个临时休息之处，便命人于此地修建了金山行宫，此为颐和园之雏形。进入元朝，著名的天文学家、水利学家郭守敬经过实地考察，为了更好地利用附近水源，运用较为先进的水利工程技术，将白浮村山泉水引入湖中，该湖规模则进一步扩大，并在之后的一些年中长期作为宫廷用水的来源地。

公元 1494 年，明孝宗于此修建圆静寺，后被荒废。而后，明清之交园林文化大力发展，附近园林数量剧增。例如，明武宗曾在此修建行宫，明神宗也时常于此地游玩。进入清朝后，尤其是清朝前中期，国力充盈，文化昌明，帝王对于游览园林也是情有独钟，最具代表性的莫过于乾隆帝王。据记载，乾隆统治时期北京西郊一带的园林数量快速增加，不过园林不能离开水，园林的增加必然会带来水资源短缺的问题。为了解决这一难题，乾隆命人在湖西边开挖高水湖与养水湖，以保证农田、练兵日常之需，乾隆帝基于汉武帝挖昆明池操练水军的典故将西湖更名为昆明湖。

此后的百年间，颐和园一直处于发展与扩建之中，规模宏大，院落众多，面积达 70 000 多平方米。清朝道光之后，清政府国力衰微，因此迫于日常维护费用庞大，对颐和园部分设施进行了拆除。公元 1860 年，英法联军入侵京城，使得部分建筑遭到损毁，清政府之后也对部分建筑进行了重建，不过由于经费有限、国力衰弱，重修的建筑已经失去往日的辉煌。20 世纪初，园内一些大型建筑由于经费问题再次被迫缩建，如文昌阁城楼从三层减为两层，乐寿堂从重檐改为单檐。公元 1924 年，颐和园成为对外开放的公园，时至今日，颐和园已经成为我国重点旅游景点，是园林旅游的重点景区，为中国现存最大的皇家园林。

（二）颐和园建筑布局

颐和园占地总面积多达 293 公顷，建有各式各样建筑 3 000 余间，是皇家园林建筑艺术集大成者。颐和园主要景点有仁寿殿、乐寿堂、玉澜堂、宜芸馆、万寿山、昆明湖、东宫门、大戏楼、佛香阁、排云殿、智慧海、长廊、清晏舫、画中游、听鹂馆、宝云阁、文昌阁、谐趣园、苏州街、后山后湖、十七孔桥等。其中，万寿山与昆明湖为颐和园最主要的景点。

万寿山，曾被称为瓮山，相传当时有一名老人曾在万寿山挖掘出一个装满各种奇珍异宝的石瓮，由此得名。公元 1494 年，明孝宗乳母曾在山前修建圆静寺。公元 1750 年，乾隆皇帝为了庆祝皇太后六十大寿，特地于此地修建大报恩延寿寺，但名称过长，于是为了取“福寿”“长寿”之意，将其更名为了万寿山，此为万寿山之名最早出现。目前，人们游览万寿山所能见到的主要建筑基本上都是此时所修建，包括前山的佛香阁、山脚的牌楼，以及排云门、二宫门、排云殿等建筑。其中，佛香阁为前山的主体建筑，公元 1860 年不幸被八国联军烧毁，之后光绪皇帝按照其之前模型重新建造，使佛香阁重新矗立在了万寿山中。万寿山前山宫殿建筑众多，同时后山也别具特色，建有充满藏传佛教特色的五彩琉璃多宝塔，体现了清朝皇帝对于当时外来文化的重视程度。

昆明湖，曾被称为“大泊湖”“西湖”，由于万寿山曾为“翁山”，所以昆明湖又被叫作“瓮湖”。昆明湖面积巨大，约占据整个颐和园面积的四分之三，曾是元朝京城的漕运航道，随着航运业的发展，昆明湖周边也逐渐繁盛起来。昆明湖由三个岛屿共同构成，分别代表着中国古代神话传说中的三座仙山，三个岛屿也把昆明湖分为三个部分，分别为东湖的南湖岛、西北湖的治镜阁岛、西南湖的藻鉴堂岛，每座岛上又分别建有一阁，依次为望蟾阁、治镜阁、藻鉴阁。这种一池三山的建造模式最早起源于秦始皇时期，当时秦始皇迷恋修仙之道，时常派遣方士出海寻仙，命令下人制作丹药，希望能够获得长生。汉武帝对此也是十分推崇，久而久之，模拟建造仙山就成了古典园林时常可见的建筑风格。

目前，颐和园是北京市著名旅游景点，是旅游文化的重要组成部分。然而清朝时期，颐和园却是晚清最高统治者重要的政治活动与外交活动中心，见证了历史上诸多重大事件的发生。公元 1890 年，颐和园东宫门外建有一个小型发电厂，此为北京城内最早的发电设备。10年后，八国联军大肆入侵北京，此前所建设的发电设备与相关其他设施均被毁坏，为颐和园带来了极大损失。

二、避暑山庄

避暑山庄，位于河北省承德市，由于承德古称热河，又名“热河行宫”“承德离宫”。避暑山庄于公元1703年开始修建，历时89年，至公元1792年才竣工，其修建过程经过了康熙、雍正、乾隆三个时代，足以证明其规模浩大。也因此，避暑山庄成为世界文化遗产，是国家AAAAA级旅游景区，也是中国四大名园之一，曾入选第一批全国重点文物保护单位，为国内外游客人文旅游、园林旅游的首选之地。

（一）避暑山庄简介

关于避暑山庄的修建原因，有学者认为是当时清朝帝王想要“习武绥远”，即整备军队力量、加强作战能力、安抚少数民族，以有效提升清帝国的整体实力，维护和巩固王朝的统治，这就要从康熙帝即位之初开始说起。

公元1661年，顺治帝福临驾崩，康熙皇帝8岁即位，即位之初由于年龄幼小，王朝的各项事宜由当时的辅政大臣共同负责，包括索尼、鳌拜、遏必隆、苏克沙哈，其中索尼为首辅大臣。

公元1668年，康熙帝亲政，然而刚刚亲政的康熙帝却面临着许多棘手的问题：

其一，由于自己年龄尚轻，朝廷内外元老众多，自己虽身处帝位，却受制于辅政大臣。

其二，平西王吴三桂、镇南王耿精忠、平南王尚可喜“三藩”割据，手握重兵，对中央政权具有巨大威胁。

其三，清政府北部沙俄王朝虎视眈眈。

在如此严峻的形势之下，康熙帝王虽然年幼却并非庸主，他深知肩上责任之重大，一直勤于政务，终于在恰当时机，果断推行撤藩主张，平定了“三藩”之乱。不过，在平“三藩”的过程中，康熙发现军队中存在较多问题，如由于清军入关已久，大规模战争愈发减少，安逸情绪在军队中蔓延，士兵已经丝毫不见勇猛剽悍的气势，于是他便萌生了建立一座专门的猎场训练士兵的想法。想法初步形成，接下来康熙就需要选定地址，他认为北部地区疆域辽阔，同时与少数民族距离较近，时常进行练兵也能够对其形成威慑，于是终于决定于承德建立木兰围场。围场建成后，每年康熙都会率领八旗子弟于此练兵，并举行各种典礼。同时，每年大量人马的食宿问题亟待解决，于是康熙命人于此处修建了一座规模庞大的行宫，即避暑山庄。

避暑山庄与一般的皇家园林不同，其具有较强的政治意义。据记载，清朝历代皇帝均时常来此接待外宾，其中康熙帝约 50 次，乾隆帝约 54 次，嘉庆帝约 19 次。而来此朝见的民族也为数众多，包含蒙古族、藏族等。总之，避暑山庄既为清朝习武练兵提供了空间，为震慑北部游牧民族、保卫京师和平稳定提供了保障，也成了皇家接待外宾的重要场所，与清政府包括军事、政治、文化、宗教等领域在内的各项事宜紧密相关，见证了清王朝的发展历程。

（二）避暑山庄建筑布局

避暑山庄规模庞大、气势恢宏、宫殿众多、风格独特，分为宫殿区、湖泊区、平原区、山峦区四部分。

宫殿区位于山庄南部区域，地形平坦宽广，占地约 10 万平方米，是皇帝处理政务、接待外宾、举行庆典的场所。宫殿区的建筑有四组，分别为正宫、松鹤斋、万壑松风、东宫。正宫，为宫殿区的主要建筑，包含 9 进院落，总体建筑风格比较朴素淡雅，但是在低调之中却显示出了皇家的威严，足见其建筑考究。松鹤斋，为皇太后居住之所，起初名为松鹤清越，此地环境幽静、景色宜人，庭院之中还有白鹤、驯鹿。万壑松风，为帝王接见官吏、批阅奏折、日常练字的主要场所。相传康熙十分喜爱雍亲王之子弘历（即后来的乾隆帝），时常命雍亲王送弘历入宫，并曾将万壑松风的一间屋子赐予弘历。乾隆即位后感恩祖父康熙帝对于自己的照料，特地提名此殿为纪恩堂，并撰写《避暑山庄纪恩堂记》。东宫，包含主体建筑清音阁、福寿阁、勤政阁等，后来为日军所烧毁，仅存遗址。

湖泊区位于山庄东南区域，包含大小湖泊一共 8 处，分别为西湖、澄湖、如意泅、上湖、下湖、银湖、镜湖及半月湖，统称为塞湖。此区域建筑多仿江南而建。例如，烟雨楼即模仿嘉兴南湖烟雨楼而建，金山岛即模仿镇江金山而建。总之，湖泊区可以视为一个大型的江南水乡模拟建筑群，使人在塞北之地也能够得见江南建筑，给人以独特的体验感。

平原区位于山庄北部区域，分为西部草原和东部林地，占地约 60 万平方米，地形十分开阔。草原为赛马相关活动场地，林地有大量树木，树木风格迥异，清帝王时常在此接待和召见外来使节与王公贵族。

山峦区位于山庄西北部区域，虽然山峦处于园内，但是其规模之大，常使人误以为进入自然山野之中。该区域山峰林立、形态各异、沟壑相连、景观独特。同时，山间还建有各种寺庙十余座，包含博仁寺、博善寺、普乐寺、安远庙、普宁寺等，寺庙华丽庄重、金碧辉煌、宏伟大气，是当时清政府为了安抚少数民族，并加强对边疆地区的统治与管理而修建。

以上为避暑山庄的四个主体区域，不同区域各具特色、各具功能，共同形成了避暑山庄 72 景。虽然已经时过境迁，但是避暑山庄所蕴含的历史文化底蕴，以及各色建筑所体现的建筑艺术和多样风格无不彰显着我国历史上园林艺术的高度发展。

三、北海公园

北海公园，位于北京市中心城区，为北方典型皇家园林，体现了我国园林建筑艺术的较高水平，与中海、南海合称“三海”。

（一）北海公园简介

北海公园历史悠久，见证了北京城的发展与变迁。相传，最早该处为一片田野洼地，没有任何建筑，人烟稀少。辽代时，辽太宗曾大兴土木，建都燕京，开展了规模较大的建筑工程。城东北郊有湖泊称为“海子”，也称“金海”，此为北海的雏形，金海之中有一座小岛，称为“瑶屿”。金灭辽后，金海陵王扩建“瑶屿”，并在岛屿之上增建了“瑶光殿”。12 世纪中叶之后，金世宗模仿北宋都城汴京艮岳园，在此处修建大宁离宫。至此，北海初步具有了皇家园林的规模。

公元 1264 年，元世祖考虑到中都无法满足王朝的发展需求，便萌生了营建新都的想法，于是确定新址在旧中都东北郊。据记载，忽必烈于此处三次扩建琼华岛，重修广寒殿，增设殿内摆件、饰品，奢华无比。明朝虽然定都南京，但是极为重视北京地区的建设，会对北海进行重修与扩建。明宣德年间，朱瞻基组织对“万岁山”进行了大规模的扩建和修缮，并在圆坻上修复了仪天殿。之后，在东岸建起了凝和殿，在西岸建了迎翠殿，改团城西缅的吊桥为石桥，并在新开挖的南海的瀛台上建了昭和殿等许多建筑。

公元 1651 年，清政府为了民族团结和笼络吐蕃，满足西藏喇嘛请求，在广寒殿旧址处新建了一座藏式白塔，如今此白塔已经成为北海公园最具代表性的建筑之一。“琼岛上有高 67 米的藏式白塔（建于 1651 年）和永安寺、庆霄楼、漪澜堂、阅古楼，还有清乾隆帝所题燕京八景之一的琼岛春阴碑石及假山、隧洞等。”[1] 乾隆再次对北海进行大规模修缮与扩建，持续30余年，增建建筑由静心斋、画舫斋以及各种亭台殿阁共同构成。晚清时期，慈禧用海军经费重修北海建筑，并在此铺设了中国第一条铁路，以供其游玩观赏代步之用。公元1900年，八国联军入侵，致使北海大量建筑毁于一旦，诸多传世珍宝被运往海外。中华人民共和国成立后，有关部门对北海公园进行了全面、持续的修复工作，具体除了对建筑表面进行复原、修缮以外，对公园内湖泊、甬道等也进行了系统化修复。目前，北海公园依旧屹立于京城之中，向世人展现着灿烂的中国建筑文化。

（二）北海公园建筑布局

北海公园总面积约71万平方米，包含各种景观，如塔、楼、殿、阁等。北海公园主要景点包含三部分，分别为南部、中部、北部，南部以团城为主要景区，中部以琼华岛上的永安寺、白塔、悦心殿等为主要景点，北部则以五龙亭、小西天、静心斋为重点。[2]

团城，位于公园南门附近，素来具有“北京城中之城”之美誉，周围风光奇秀、松柏众多，掩映其间，风光如画。承光殿建于城台中部，具有一座白玉雕琢而成的佛像，雕刻技艺之高超实属罕见，佛像通体洁白、仪表庄重、富有光泽。团城还有800年历史的栝子松，为京城之中最古老的树林。

琼华岛，位于北海公园太液池附近，此太液池与大明宫太液池同名，然而造型却差异明显。岛上建有永安寺和白塔，永安寺周围建有法殿、正觉殿，形成了具有一定规模的佛教建筑群。琼华岛西面为帝王休闲娱乐之地，如悦心殿、阅古楼、庆霄楼等。其东北面为一座小山坡，山坡旁种植有大量古树，给公园增添了几抹岁月感与历史感。“沿着乾隆帝御题的‘琼岛春荫碑’旁的小路前行，可直通迂回曲折的‘见春亭’和‘看画廊’，景色犹如一幅天然山水画，美不胜收。廊外有湖石堆砌的幽洞石室，变幻无穷。”[3]

五龙亭，位于北海北岸，修建于公元1602年，本有6座亭子，公元1651年顺治帝命人拆掉了泰素殿，之后便只留有5座亭子了。五龙亭虽然建于岸

---

① 《看图走天下丛书》编委会．走进世界著名公园[M].广州：广东世界图书出版公司，2011:111.

② 《看图走天下丛书》编委会．走进世界著名公园[M].广州：广东世界图书出版公司，2011:112.

③ 《看图走天下丛书》编委会．走进世界著名公园[M].广州：广东世界图书出版公司，2011:113.

上，但是有一部分深入水中，五亭均为方形，由于其外形形似巨龙，故名五龙亭。中间的亭子最大，为龙泽亭，其左边两亭分别为澄祥亭、滋香亭，其右边两亭分别为涌瑞亭、浮翠亭。龙泽亭是帝后专门进行钓鱼赏月等休闲活动的场所，其余四座形制较小的亭子供官员陪钓之用。

四、圆明园

圆明园，位于北京市西北郊，与颐和园相邻，也是清朝时期最为著名的皇家园林之一。圆明园继承了中国几千年的造园艺术和传统，具有多元的艺术风格表现形式，既有宫廷建筑的金碧辉煌、雍容华贵，又有江南建筑的细腻婉约、清秀俊雅，集造园之精华，展园林之大观。

（一）圆明园简介

北京西郊一带自古就有多座山峰连绵不绝，形成了巍峨壮丽之景观，具体除了万寿山之外，又有玉泉山屹立于此。玉泉山附近有许多自流泉，流经玉泉山周边，形成大大小小、数量众多的湖泊，这种自然形成的湖泊水系，反而呈现出一种十分和谐的景观。其中，自西向东的水流注入昆明湖，形成北京西郊周边最大的水面，久而久之形成了一条自然风光带，为当时的文人墨客时常游览聚会之地。

辽代时，统治者发现了这一块风水宝地，并于此处建造行宫，名为玉泉山行宫。明代时，曾经的行宫建筑还有所保留，许多当朝官员和当地游客都来此观赏休闲，其中有些达官贵人还在此营建别墅，于是玉泉山行宫附近的许多土地被“瓜分”。到了明朝万历年间，武清侯在此大兴土木，建造了一座规模较大、体系完善的园林，号称“京国第一名园”，名为清华园，这也是圆明园历史上第一座规模宏伟的园林建筑。之后，米万钟又在清华园附近导引湖水，对建筑形制进行了适当调整，下令建造出“勺园”。清朝时，康熙、雍正、乾隆都比较注重园林建设，便命人在此继续兴建园林，并逐渐扩充原有规模。大致于公元1724年开始扩建，圆明园扩建所使用的石料、木料多数来自围场。

雍正时期，主要对圆明园进行了如下扩建：

第一，对园林中轴线进行了延伸，并仿照紫禁城的建筑形式，建立了新的宫门、内阁、外朝房等。

第二，对园林的北、东、西三面进行外扩。

第三，修建福海与周边其他建筑。

经历以上扩建之后，圆明园的大致规模基本定型，占地面积达3 000亩

（约 2.01 平方千米）。乾隆时期，并没有对圆明园的面积规模做过多调整，只是对圆明园的景观做出了适当改变，并对部分建筑进行了增建和改建。例如，长春园、绮春园、紫碧山房、藻园、若帆之阁、文渊阁等。

进入 19 世纪中后期，由于清朝国势衰微，国外势力屡屡入侵，圆明园曾于第一次鸦片战争和第二次鸦片战争中遭受重大打击，无数珍宝流落海外。公元 1860 年 10 月 18 日，英军纵火大肆焚烧这一艺术宝库，火势强烈，这座闻名于世的皇家园林燃烧殆尽，仅二三十座建筑得以幸存，但也或多或少受到损坏。

中华人民共和国成立后，政府对圆明园遗址大力开展保护工作，并对园内的一些景观、建筑进行了复原。1988 年，圆明园遗址公园开始对外开放。如今，圆明园虽然仅剩遗址和仅存的少数建筑，但是透过这些断壁残垣，我们依然能够感受到中华古代建筑艺术的高超。总之，圆明园曾为我国的文明赢得过无与伦比的殊荣，是华夏民族的骄傲。

（二）圆明园建筑布局

世人皆知紫禁城规模浩大，鲜为人知的是圆明园在面积上与其相比，却是有过之而无不及。据测量，圆明园陆上建筑面积比紫禁城多 10 000 平方米，其水域面积又与颐和园相当，总面积约为 8.5 个紫禁城，其规模之大令人震惊。圆明园主要由圆明园、万春园、长春园组成，所以也叫“圆明三园”，其中以圆明园最大，所以人们一般称之为圆明园。在“三圆”之外，园内还有许多其他小园或属园，如静宜园、静明园、清漪园等。圆明园中，除了包含我国北方与江南多种风格的建筑，还包含当时西方比较流行的建筑风格，可谓世界建筑艺术大观园。园中既有体制庞大、气势恢宏的宫殿，又有形态较小、玲珑剔透的亭台水榭，既有粗犷豪放的假山怪石，又有诗情画意的西湖景致。

圆明园景观众多，多数都是依水而建、以水成趣，彰显了水与建筑、水与植被交融下产生的美妙意境。当时，清朝帝王时常南下巡游，尤其是乾隆皇帝曾经留下六巡江南的故事，足见乾隆对于江南水乡的喜爱与眷恋。基于此，乾隆命人模拟江南园林建筑，于圆明园中进行仿建。他要求当时的画匠名家对江南盛景进行模拟和还原，正所谓“谁道江南风景佳，移天缩地在君怀”。

圆明园建筑类型颇多，除了常见的殿、堂、亭、台、楼、阁之外，还包含馆、厅、桥、闸、墙、塔等各式各样的建筑形式，甚至园中还有村居与街市，可谓应有尽有，好似一个微缩的城市。园中包含一百多处景致，打破了之前建筑格局的束缚，各景观时而互相分离，时而互相联系，环环相套，体现出了建筑艺术的多样美感，又体现出了整体和谐之美，没有一丝矫揉造作之嫌。圆明园中也有些许寺庙建筑，包括供奉康熙、雍正的“神御”，以及各式各样的佛像和佛塔。据统计，此处有佛像 2 000 余尊，佛塔 30 余座，多数建筑底座为汉白玉堆砌和雕刻而成，浑然天成，体现出无比的格调与气势。

圆明园中有“四十景”之说，此处对其中部分景点进行简要介绍。正大光明殿，为圆明园的正殿，是帝王设宴款待群臣或举办考试之处，殿上悬雍正手书“正大光明”匾额，殿堂 7 间，前面有宽大的月台，东、西配殿各 5 间。勤政亲贤殿，位于正大光明殿东部，此地由于位置原因，树木遮蔽，夏季时较为凉爽，皇帝有时会在夏季于此地办公或单独召见大臣谈论政事。九州清晏，与正大光明殿隔湖相对，由三进大殿共同构成，由外到内分别为圆明园殿、奉三无私殿、九州清晏殿。另外，圆明园除了是一座巨型皇家园林之外，更是一座包罗万象的珍宝馆，曾收藏诸多历史上颇具收藏价值的名人字画、钟鼎宝器等珍品，集古代中西文化之精粹，所以也被一些西方人称为“万园之王”。

第四节　江南园林

一、拙政园

拙政园，是江南四大名园之一，也是私家园林的典型代表，曾入选全国重点文物保护单位，并被批准列入《世界遗产名录》，于 2007 年被评为首批 AAAAA 级旅游风景区。

（一）拙政园简介

拙政园，位于今江苏省苏州市，是一座私家园林，与皇家园林不同，私家园林的规模较小，体现园林主人的生平与喜好，颇具个人特色。拙政园最早是唐朝诗人陆龟蒙的住宅，元朝时为大宏寺，明朝御史王献臣在辞官回家后，发现此宅颇具特色，便将其买下并进行适当改建。同时，王献臣于古籍中获得灵感，将寺庙更名为拙政园。

王献臣去世后，其子曾因赌博而不得已将拙政园输给徐少泉，徐家此后便在拙政园长住百年之久，后来由于门庭冷落、家门衰败，该园便被荒废。公元 1631 年，刑部侍郎王心一购入此园。王心一十分擅长绘画，又具有闲情逸致，因此对该园林治理有方，踱步于园中，时常产生灵感，并在园中各个角落作画填色，另外还增建了一些建筑，包括秫香楼、芙蓉榭、泛红轩等，极大地增加了拙政园的艺术魅力。公元1648年，当时园主为徐氏后人，其后，当朝新贵陈之遴对于该园十分喜爱，命人开展了大规模的修缮工作，拙政园因此焕发出更多的华贵之气。

然而，之后的几十年间由于种种原因，拙政园并未得到妥善维护与管理，道光年间该园已经呈现出荒颓之趋势。公元1809年，查世倓购得此园，命人对其进行全面维护和修缮，耗时一年之久，终于恢复了园林往日的景象。之后拙政园又经历了百余年的风风雨雨，几经转手，辗转于不同园主，时而荒废破败，时而新修增建，终于在中华人民共和国成立后，经国务院批准，受到了有关部门的大力保护，如今已经正式被批准列入《世界遗产名录》。

（二）拙政园建筑布局

拙政园占地约52 000平方米，分为东、西、中、住宅四个区域或部分，属于比较典型的江南苏州民居。拙政园雏形虽然产生于明朝末年，但是其多数建筑与基本规模定型于清咸丰年间。

东部，也被称为“归田园居”。公元1631年，时任园主为王心一，王好绘画，懂得一定的美学与建筑学知识，对东部进行了一定程度的扩建，并更改了园林的布局。

中部，为拙政园的主体区域，是整个园林的核心与精髓。整体的布局理念如下：保持明朝时期原有的建筑格局，主体建筑与格局保持不变，保持原有的浑厚质朴淡雅之风。同时，以水池为中心，各色亭台楼阁围绕水池建造，周围种植大量绿植，作为水池与楼阁的点缀。

西部，名为“补园”，该部分水面曲折、构造紧凑、靠山环水，水中部分景象与中部景区有所相似，起伏、曲折、凌波而过的水廊、溪涧则是苏州园林造园艺术的佳作。该区域最主要的建筑为三十六鸳鸯馆，此馆曾为园林主人举办宴会、听曲观演的主要场所，场所内部布局讲究、陈设合理，若在晴天于屋内向外观望，屋外犹如茫茫雪景，颇具意境。

拙政园成为我国私家园林的代表与其独特的建造风格关系紧密，包括水韵独特、庭院错落、花草繁多。

1.水韵独特

水文化自古就是我国传统思想中的重要内容，古人云“知者乐水，仁者乐山”“上善若水，水善利万物而不争”“水能载舟，亦能覆舟”“君子之交淡如水”等。从中足以看出水文化对于传统思想发展脉络的影响，而拙政园恰恰处于江南水乡，因此受水文化影响颇深，于是在构建中即体现出了水韵独特的特点。第一，园林内有大面积水域，水域面积接近6亩（约0.004平方千米），占据园林总面积的三分之一，而宽广的水面可给人以心胸开阔之感；第二，园内小型水池种类繁多，这在拙政园建成之初尤为明显，起初拙政园甚至可以被称为“水园”，园内水色迷茫，存在大量水池，或大或小，与周边建筑相映成趣，简朴素雅；第三，水景与亭台楼榭融为一体，这种搭配极大地增加了烟云江南的意境。

2. 庭院错落

早期拙政园中的建筑多独立存在、独立成景，并未与其他景观形成复杂多样的景观体系，园主漫步园中，赏景只赏一处。随着审美思想的发展与转变，晚清时期拙政园发生了较大变化，在审美上更加注重组合之美，即建筑与建筑、建筑与山水互相结合而成的复合型景象。建筑的修建与风格都更加倾向于群体组合，庭院的设计充满层次感、变化感。例如，小沧浪最早只是一座小水亭，为孤立的一处景观，而之后此处慢慢发展为了一组水院，几个亭台楼榭的错落组合，复杂中透露着独特的美感。同时，这种多样建筑的组合，也能够在不经意间突出主体建筑，使附属建筑起到对比与烘托的作用。

3. 花草繁多

拙政园素来就有“林木决胜”的说法，这表明拙政园内花草树木数量和种类极多，而在拙政园多年的发展历程之中，各园主一直保持着这一传统，始终注重在园内大量种植花草。例如，如今园中保存有荷花、山茶花、杜鹃花三大特色花卉。

总之，拙政园无论是布局还是绿植方面都十分考究，将造园艺术发挥到了极致，采用了多种造园手法，为我国古典私家园林的典型代表。

二、狮子林

狮子林，位于今江苏省苏州市姑苏区，由于园内石峰较多、形态万千，而其中诸多石峰状如狮子，故得名“狮子林”。狮子林并非单纯的私家游玩观赏园林，在很多时候它更是一座寺庙性质的园林。其在发展过程中经历了多次变迁，时而为寺时而为园，所以园中既有充足的山水自然景观，又包含较多佛教元素。

（一）狮子林简介

狮子林兴建初期并非以园林而存在，建造者只是希望建造一座禅林。据记载，公元1341年，天如禅师的众弟子准备共同为天如禅师建造一座禅林，次年，天如禅师弟子出资开始了兴建计划。由于园林之中生有大量竹子，竹下多有怪石，且这些怪石形似“狻猊”，即形似狮子，同时又由于天如禅师得法于天目山狮子岩，其弟子为了纪念师父，便将寺庙命名为“狮子林寺”。乾隆年间，该寺庙成为私人财产，不再作寺庙之用，又因寺庙之中生有五棵松树，故名“五松园”。公元1917年，该园林为当时一贝姓商人购入，此人虽为商人，但是却尊重艺术，具有一定的审美情操，对于园林十分爱惜，不惜花重金对其进行扩建，扩建增加了一些景点，且仍保留原名“狮子林”。后来贝氏后人在中华人民共和国成立后将狮子林捐献给了国家，1954年之后，狮子林作为旅游景点开始对大众开放。

（二）狮子林建筑布局

狮子林全园面积约8 000平方米，相比于皇家园林其面积不值一提，但是园林内部假山艺术却实属罕见。“狮子林长久以来一直以假山闻名，被称为‘假山王国’。”[①]“狮子林的假山大致可分为东西两部分，东边的被称为旱假山（主要是在指柏轩的南面），西边的被称为水假山（最有特色的是一块立在池的中央像达摩禅师的太湖石）。”[②]

园林中的主要景点包括燕誉堂、花篮厅、石舫、卧云室、问梅阁、指柏轩、古五松园等。燕誉堂是狮子林的主厅，之所以以“燕誉”为名，是因为“‘燕誉’是安详、快乐的意思”[③]，同时也因为“燕誉”出自《诗经》“式燕且誉，好尔无射”。“堂内地面上有个‘寿’字，边上是五只蝙蝠，取五福祝寿之意。”[④]燕誉堂主要被园主用于宴饮宾客、招待贵客，且其梁上还有三位神仙和一位小童，寓意甚佳。花篮厅“因厅内柱端雕有花篮状，饰有花篮图案而得名。1945年在此厅曾举行日本人投降仪式，屏门上刻有巨幅《松寿图》，隶书横匾‘水里风来’，点出了在夏天这里是赏荷花的好地方”[⑤]。

花篮厅建于湖水旁，正门朝向湖面，打开门厅正门即可观赏辽阔的湖面景象。厅内建有落地窗，窗上刻有唐诗与各种典故，增加了古风古韵感。石舫，为石质船型建筑，又名旱船。该建筑兴建较晚，为最后一任园主所修建。

① 胡强．华东线导游训练教程[M].北京：旅游教育出版社，2017:189.

② 同上．

③ 同上．

④ 同上．

⑤ 胡强．华东线导游训练教程[M].北京：旅游教育出版社，2017:191.

石舫外形独特，内部为两层结构，远远望去，犹如一只双层游船卧于湖面，造型十分逼真。卧云室，造型独特，楼高两层，一层主要为白墙结构，二层四周均为窗户，屋檐飞翘，呈多边形。问梅阁，为西部园景的主要建筑，由于阁前种有许多梅树而得名。指柏轩为现存狮子林中唯一一座禅意建筑，是狮子林的主景之一，虽然早期狮子林是作为寺庙而存在的，但是多年之后狮子林早已经从寺庙转变为景观式园林，其宗教性质已经逐渐衰退。

狮子林的特点为婉转曲折、堆石成山、植物配置合理：

第一，狮子林中多数山峰不高、水池不深、范围不广，但却别具特色、引人入胜。这主要由于其造园手法独特、表现方式多样。例如，水池回环曲折，怪石林立其中，名家字画繁多，长廊曲径通幽，等等。

第二，狮子林以假山为人称道，其中奇山怪石众多，假山形状多于佛教人物、动物、典故，建筑者通过假山外形表现出丰富的思想文化。另外，假山的堆叠方式多样，时常与周边植物形成景观组合，别具特色。

第三，狮子林中种植有大量的落叶树作为点缀，通过合理的配置与手法，体现出了各种景观。例如，指柏轩前假山上有元代古柏数株，有白皮松五棵，姿态苍劲，皆成画意。

三、留园

留园，为中国著名古典私家园林，融合多种造园艺术手法，彰显了清代造园之艺术精华。1961 年，留园被国务院列入第一批全国重点文物保护单位，1997 年与拙政园、网师园、环秀山庄共同列入《世界遗产名录》。如今，每逢节假日留园的游客数量众多，足见人们对于园林旅游的喜好与欢迎。

（一）留园简介

公元 1593 年，时任太仆寺少卿的徐泰为了满足居住与休闲之需求，命人建造了一私家园林，名为东园。清朝时，该园由于种种原因并未受到相应保护，也并未取得进一步发展，而是被废为踹布坊，主要用于棉布加工，后来经过多次转手，辗转于多名园主之手。公元 1798 年，当时园主为刘恕，刘恕对东园进行了一定的修缮，并适当扩建，增设了许多植物，包括白皮松、竹子等，建成后该园体现出与往日完全不同的风采，看起来多了一抹清冷寒意，于是更名为“寒碧山庄”。相传，刘恕不仅喜欢园林艺术，还喜欢文章字画，时常撰写名家文章与书法作品，并装饰于园林之中。公元 1823 年，园林首次对外开放，这在当时属实罕见，因为绝大多数私家园林均不允许外人进入。之后百年间，园林仍然处于转手、收售的过程之中，同时也经过多次修缮。中华人民共和国成立之后，苏州政府十分重视留园，对其进行全面复原，并额外聘请了多名相关领域专家，对其进行长期保护。1971 年，园林恢复“留园”之名并一直沿用至今。

（二）留园建筑布局

留园建筑艺术丰富，代表了清朝建筑的极高水平，无论是厅堂、庭院的基本布局与构筑，还是各建筑内部的设施摆放与组合，都十分协调，使园中人工建筑与自然景观形成一幅幅美妙的艺术画卷。

整个园林大致可以分为四个景区，分别为中部景区、东部景区、西部景区、北部景区。四个景区各具特色、各有所长。例如，中部山水之美感尤为突出，东部厅堂建筑引人入胜，西部山林花草掩映其间，曲径通幽、连绵不绝，北部多种盆景花卉沁人心脾。

中部景区，建造于原来寒碧山庄的基址之上，景区中间建有一水池，水质清澈，与周边假山、建筑组合成美妙景观。假山上种有古树，古树盘根错节、体型巨大，给人一种误入深山的苍凉森宇感。漫步于假山附近的曲折小路之中，仿佛进入世外桃源，颇具与世隔绝之感。在中部水池的南岸边，建有碧山房与明瑟楼，此为园中主要建筑，楼阁如前舱，敞厅如中舱，造型优美独特，形如画舫。

东部景区，主要是大量庭院，各种庭院错落布局形成留园建筑的主要特点，也是园林景致富有变化的主要原因。主厅为五峰仙馆，馆内布局合理、装修精致、陈列古朴、端庄大气、典雅素朴。西部有鹤所、石林小院、揖峰轩等院落。另有鸳鸯厅，鸳鸯厅中间以雕镂剔透的圆洞落地罩分隔，厅内整体风格与五峰仙馆相似，注重简约、古朴、淡雅。厅北另有留园三峰，分别为冠云峰、瑞云峰、岫云峰，冠云峰位居其中，其余二峰各立左右，相传主峰冠云峰曾为宋朝花石纲遗物。

西部景区，主要是大量假山，山上多林木，山石林木相互掩映。夏季景观绿荫蔽日，秋季则红霞似火，富于变化。山左云墙如游龙起伏。山前曲溪宛转，流水淙淙。东麓有水阁“活泼泼地”，横卧于溪涧之下，令人有水流不尽之感。北部原有建筑早已废毁，现广植竹、李、桃、杏，“又一村”等处建有葡萄、紫藤架。其余之地辟为盆景园，花木繁盛，犹存田园之趣。

北部景区，现存的建筑数量较少，许多原有的建筑早已废毁。在原来建筑的基础上，专业人员大量种植各种花草树木，包括竹、李、桃、杏等。北部景区的重要景点“又一村”等处，还建有葡萄架、紫藤架，其余之地为盆景园，林木繁茂，颇具意境，绿意盎然。

四、沧浪亭

沧浪亭，地处苏州城南三元坊文庙附近，是苏州目前最为古老的园林之一，更是我国旅游文化的重要载体。沧浪亭与狮子林、拙政园、留园一起并称为苏州四大园林，1963 年被列为江苏省文物保护单位，如今已是国内外众多游客争相前往的著名旅行地。

（一）沧浪亭简介

沧浪亭具有悠久的历史，虽然其建筑风格主要为明清式，但是其初步建立则始于更为古老的五代时期，本为吴军节度使孙承祐池馆，后来由于种种历史原因被废弃。北宋时期，苏舜钦曾举家南迁，南迁途中路遇此地，苏舜钦认为该地风景奇特、曲水萦回、高爽开阔，便斥资买下，并题名“沧浪”，作《沧浪亭记》。苏舜钦与当时著名词人、官员欧阳修关系亲密，便请其为园林作诗《沧浪亭》，“清风明月本无价，可惜只卖四万钱”便出于此。此后，沧浪亭的名气与日俱增，成了各地文人名士吟咏之所，多名著名诗人名家均留有关于沧浪亭的佳作。

苏舜钦之后沧浪亭几经转手，曾为章惇与龚明共有，章惇对沧浪亭进行了大规模扩建，增设了高大的阁楼，并于山中造堂。在建造过程中，章惇偶然发现园中有一座跨水之山下有大石，相传该大石为广陵王所藏，于是章氏突发奇想，命人在此筑成两山对峙之景，旷绝古今，成为此处著名奇观。南宋时期，沧浪亭为当时著名抗金将领韩世忠所购，并更名为韩园，韩世忠并未对其进行规模较大的扩建与修整，基本保留其之前的“面貌”。

南宋之后，沧浪亭长期作为僧人居所，曾更名为“庵”，历经风雨洗礼与岁月变革，终于在公元 1546 年，有一位僧人对沧浪亭进行了修缮，使沧浪亭再度焕发出昔日光彩。

然而，明朝末年战争纷乱，沧浪亭也无人照管，逐渐趋于荒废，许多建筑与山石受到不同程度的损毁。公元 1695 年，商丘宋荦寻访苏州之时，发现沧浪亭昔日辉煌不再，只剩下断壁残垣，一幅悲凉萧条之景，于是命人对沧浪亭进行了重修、维护，并兴建石桥。公元 1860 年，英法联军入侵，沧浪亭也未能幸免，诸多建筑遭到损毁。中华人民共和国成立后，为了展现沧浪亭昔日盛景，也为了保护与传承传统建筑文化，多次为沧浪亭的重修与扩建拨款。

1955年，沧浪亭全面整修宣布完成，并正式对外开放。如今，沧浪亭以其独特的筑园风格屹立于苏州城区之中，向世人诉说其所见证的沧桑变迁。

（二）沧浪亭建筑布局

沧浪亭占地面积约为1公顷，与常规园林的建筑形式有所不同，园林建于一片湖水中央，即“水环园”，而非“山水相间”。湖内侧由山石、复廊、亭榭等环绕一周，园内山石作为主题景观，山上种有古木，山下凿有水池。园林之中主要景点为沧浪亭（此处非园林之名，为园林中一处亭阁）、面水轩、明道堂、看山楼等。

1. 沧浪亭（指园内亭阁）

沧浪亭，为苏舜钦所兴建，亭阁立于山岭之上，景色高远开阔、古朴壮观、树木葱郁、翠绿欲滴。亭阁左右分别有石径，各种植物掩映其间。遁级至亭心，可凭陵全园景色，旧时可眺南园田野村光，周望极目可数里。

2. 面水轩

面水轩，曾为观鱼处，该建筑面朝北方，紧邻溪流，门前古木众多、互相交映，轩左复廊一条蜿蜒而东，两面可行，内外借景，隔水迎人。

3. 明道堂

明道堂，位于园林内假山东南部，为清朝同治年间所建。明道堂建筑基本为砖木结构，门厅三层，礼拜厅二层，建筑面积共计600平方米。其建筑物至今犹存，现在作为福州天安堂的附属宗教活动场所开放。

4. 看山楼

看山楼，位于山石之上，为清朝同治年间所修建。看山楼共三层，视线开阔，视野通透，景色宜人，登楼远望，可观楞伽、七子、灵岩诸山，颇具登高怀远之意味。

总之，沧浪亭具有丰富的山水艺术思想，更包含浓重的历史积淀，虽历经朝代更迭、岁月变迁，却依然向世人展现着其独特的造园艺术风格，已成为我国旅游文化的重要组成部分。

第四章　山水旅游资源与文化

第一节　中国山水文化的历史发展脉络

中国山水文化源远流长，在众多文化体系中最具代表性，彰显着中华民族特有的精神品质，弘扬着中国传统文化。中国山水文化发展可推动中华民族文化进步，而文化进步则是人类思想观念转变的体现，人们由崇拜自然到热爱自然再到改造自然，与自然的关系一直处于发展变化中，同时人类的活动形态也发生着转变，人们由于对自然界的未知而感到恐惧变为亲近自然、欣赏自然，对山水的审美意识逐步形成。

由于审美需求的提高，国内美丽壮阔的自然景观吸引了无数游客，他们在旅游观赏过程中看到的山水画、山水文学、山水诗歌等多种艺术形式无不彰显着山水文化的特色，丰富了山水文化的内容。下面就中国山水文化的发展历程展开详细阐述。

一、中国山水文化的起源与发展历程

中国山水文化发展历程就是人类与自然关系的演变过程。人类生命的诞生源于自然界提供的各种条件，如山川河流等，可以说人类的生存与大自然的发展变化息息相关。但是，自然界中的山水并不是山水文化本身，而是山水文化的载体。山水文化是人类依托于自然界创造出来的，是人与自然界交互产生的智慧结晶，可以说它的形成与发展体现出了人类文明的演变过程。

（一）自然崇拜

人类诞生之初，由于劳动生产能力水平低下，缺乏对大自然应有的认知与运用，因此对自然界充满了敬畏之心，认为自然界中存在一种神秘力量，而图腾崇拜则为原始社会最鲜明的特征之一。各种图腾膜拜和祭祀活动应运而生。最早记载封禅活动的是秦始皇，且在先秦时期出现了一本极具神秘色彩的记载有神奇怪兽神话传说的古老奇书《山海经》。

《山海经》中记录着当时的自然环境以及人们对于未知自然的理解和想象。可以说，古人发现他们崇拜的自然物都依赖于山水而存在时，便将山水当作了人与自然物的共同祖先或者祖先的灵魂栖身之处，并将其视为生命之源。山水图腾崇拜的核心地位也就这样形成了。虽然我们现在不能借助古籍直观地了解山水图腾的原貌，但是却可以通过古籍中的图腾神话、帝王传说，或者参考有关古代文化遗址和民族的材料揭开它的神秘面纱。

随着社会的不断进步，殷、周时期，人类进入文明时代，山水不再被当作神用来祭祀与膜拜。抛弃掉恐惧心理，人类逐渐开始亲近自然、热爱山水，并在与山水互动的过程中获得了更多的愉快心情，也为其赋予了善与美的人格特征。

中国山水文化发展到秦汉时期，常被统治者当作独立的观赏对象来对待。秦始皇当时幻想长生不老，派遣方士四处寻找仙药，因此神仙方术在当时非常盛行，间接地推动了山水文化的发展。秦汉时期，自然山水美景还被搬入宫中用来满足当朝统治者欣赏自然美景的需求。当时著名的《上林赋》和《子虚赋》中有大量关于山水自然美景观赏的描述，足以证明山水文化在当时备受尊崇。

（二）宗教信仰

中国山水文化中蕴含着丰富多彩的宗教内容，可以说，宗教活动和山水文化的发展联系紧密。

在魏晋南北朝时期，佛教与道教并存，共同推动了山水文化的发展进程。魏晋时期的士大夫崇尚自然，他们对大自然有一种天然的归属感与认同感，山水被赋予准宗教色彩，许多名士选择归隐山林，远离朝政，寻求精神的解脱与慰藉。最具代表性的人物就是陶渊明，他的《饮酒·其五》中“采菊东篱下，悠然见南山”名句流传至今，经久不衰。

东晋时期，社会动荡，许多文人士大夫对社会现实充满迷茫和无力感，他们寄情于山水之间，努力寻求一种平淡、宁静的生活，以便使心灵得到放松。因此，当时隐逸之风盛行，山水文化即在这样的历史背景下发展了起来。此时，山水诗、山水画成了独立的审美对象，也成了山水文化的重要组成部分。

道家文化追求超凡脱俗，追求自然，讲究天人合一；儒家文化追求入世，讲究做事要奋发，敢于担当，意志坚定；佛家文化追求出世，讲究清净，同时倡导人要懂得拒绝，放下欲望，超脱对外物的追逐。三教合一，在人的精神层面进行了有利的互补，并最终在山水文化观念上达成基本统一。魏晋时期的人们通过自然山水品评人物，而将人与山水比德，是当时众多名人士大夫的共同理想。这一时期山水文化与宗教发展日趋密切，并逐渐融入中华民族的血脉之中，形成了一种特有的文化审美观。人们借由山水抒发感情，反映人物精神品质，这也是魏晋时期鲜明的文化特色。

（三）美学与科学

明朝末年，西方许多传道士带着不同的目的来到中国，将西方哲学、数学、天文学、地理学等传入中国，进一步丰富了山水文化的内容。随着经济的发展，人们对自然界的认知逐渐清晰，但早在宋代，沈括就考察过雁荡山风景地貌形成的原因，得出结论是流水对地形有侵蚀作用。明代地理学家徐霞客历时30年走遍了中国的名山大川，不仅从美学角度研究其观赏价值，而且就其成因进行了科学研究。但是真正以现代自然科学为基础展开的对名山大川自然景观的全面研究，其实是在20世纪中期对风景区地貌、地质、植被、野生生物、水文气候、生态等进行的科学研究。目前，自然景观的典型性具有高度的科学价值，也就是说中国传统山水文化既具有美学价值，也具有一定的科学价值。诸多风景区被赋予了双重价值与意义，且随历史演变而发生变化，而这些变化正是地球生态环境变化的表现，也是人类进行自然科学研究、普及和教学的研学基地。它使得人类与自然的关系也随之进入一个全新的时代。

二、中国山水文化的特点与形态

（一）中国山水文化的特点

中国山水文化的本质是大自然与人文有机融合的文化结晶。实际上，太多自然景观与人文景观都具有高度的观赏性和文化价值，可供人们游览观光，同时还可以用来进行科学文化教育活动。比如，长城、泰山、黄山、九寨沟、武陵源等，这些构成了中国特有的山水文化。

中国山川河流的物质形态与文化意识形态共同构成了中国的山水文化特点。中国独有的山水文化中融入了丰富的文化内容，包括古老的、深厚的以及多样化的内容形态。一个国家乃至民族长期以来的生产生活中所形成的一种共同的文化理念与价值观，统称为民族文化，而这种民族文化是人民共同创造出来的，并且在历史长河中逐渐沉淀显现出来的民族精神与意志已经深深地融入了华夏儿女的血液之中。

从历史发展进程中不难看出，山水文化将中华传统文化的精髓彰显得淋漓尽致；从横向的地貌特征来看，在中国广阔的土地上共同生活着56个民族，每个民族都有自己独有的文化特征和魅力，而这些不同地域以及不同民族的文化特点形成了中华民族的文化精神与文化特征，是中国上下五千年人类共同创造的文明智慧与结晶。

（二）中国山水文化的形态

中国山水文化发展源远流长，它的构成元素以及表现形态丰富多彩，既有将作者思想感情寄托山水的表现形态，又有单纯描写祖国大好河山的艺术表现形式。单从物质介质上来看，山水文化形态可划分为山文化和水文化。

所谓山文化，就是以描写山川为主，进而表达某种思想感情的文化形态。自古以来，许多人文士大夫都将自然山川当作家园，当作抒发思想感情的载体。东晋陶渊明的《饮酒·其五》中所记载的“采菊东篱下，悠然见南山”是全诗中最为精华的一句，表现出了高远的意境和深蕴的哲理，也因此被世人给予高度赞扬。还有一些名胜景观因古诗而被众人所知晓。比如，唐代诗人杜甫的《望岳》中记载“会当凌绝顶，一览众山小”，描写出了泰山的巍峨之势。古人曾写过黄山的奇美、华山的险峻以及泰山的巍峨，由此可见，不同的山有着各自不同的特点，其中也被寄托了不同的思想感情。国内众多山脉曾被古人赞美，如有三大山之称的安徽黄山、江西庐山、浙江雁荡山，有五岳之称的东岳泰山、南岳衡山、西岳华山、北岳恒山、中岳嵩山等。

所谓水文化，就是以水为描写对象形成的一种文化形态，通过对水的赞美抒发作者的思想感情。不同的水域有着不尽相同的特点，如河流、海洋、湖泊、小溪等，水的形态不同，它所体现的文化内涵也不尽相同。

水文化中的江河文化形成于江河两岸人民的生产生活当中，由于黄河特殊的地理位置，以及它在人类起源中所具有的特殊意义，中华炎黄子孙视其为母亲河。黄河流域西起巴颜喀拉山，东临渤海，南至秦岭，北抵阴山，全程途经青海、四川、甘肃、宁夏、内蒙古、山西、陕西、河南、山东等9个省份、自治区，全长约5 400千米，孕育了中华民族古老而璀璨的文明。如果说黄河是母亲河，那么长江就是无数古代的英雄豪杰所赞美过的河流。明代文学家杨慎的《临江仙·滚滚长江东逝水》中写道：“滚滚长江东逝水，浪花淘尽英雄。”唐朝诗人白居易在《钱塘湖春行》中写道：“孤山寺北贾亭西，水面初平云脚低。几处早莺争暖树，谁家新燕啄春泥。乱花渐欲迷人眼，浅草才能没马蹄。最爱湖东行不足，绿杨阴里白沙堤。”古人对于钱塘江的描写不亚于长江，也就是说不同的河流孕育出不同的文化特色。

如果说江河文化凸显出一种大气磅礴的意境，那么湖泊文化则呈现出一种静谧的文化意境，也是我国山水文化的重要形态之一。每个湖泊都有专属于它自己的神话传说，兼具自然景观与人文景观的魅力。唐代诗人刘禹锡曾在《望洞庭》中写道：“湖光秋月两相和，潭面无风镜未磨。遥望洞庭山水翠，白银盘里一青螺。”此诗生动地描写出了洞庭湖秋夜月光下宁静、祥和的朦胧之美。

随着社会的不断进步，人们在认识山水自然的过程中也逐渐提高了自身对美的感悟以及思维能力。在此基础之上，人们对山水自然逐渐产生了审美需求，由敬畏的态度转变为亲近和欣赏态度，进而产生了审美关系。这样的审美意识也逐步渗透到了山水文化的方方面面，在中国山水文化发展中具有非凡意义。在这样的基础上，游览山水之风日渐兴起，国内的奇山胜景吸引着众多游客，与此同时，以中国山水为审美对象的山水画、山水文学艺术应运而生，山水审美文化的发展犹如百花盛开般异彩纷呈，体现出了中华民族的审美观念和文化精神，更彰显了民族的创造才能。无数优秀的山水文学和山水诗篇层出不穷，逐渐形成了具有中国独有文化特色的艺术表现形式。这些都源于古人对山水的热爱与欣赏，山水文化内容的丰富源于审美需求的提高，审美能力的发展进一步推动山水文化的发展。可以说，审美需求和审美能力的不断提高对山水文化的形成具有不可磨灭的历史意义。

第二节 中国山水文化的基本内涵与价值

一、中国山水文化的基本内涵

山水文化始于中国，是中国独有的一种文化。山水文化是将一种价值观寄托于山川湖泊展现出来，并通过对山水的描写衍生出的一系列文化形式，如山水诗、山水画等。苏轼的《饮湖上初晴后雨》中有“水光潋滟晴方好，山色空蒙雨亦奇”的描述，诗中既写了湖光又写了山色，将中国山水文化体现得淋漓尽致。

山水文化精神，就是指我国山水文化所体现出来的人们寄情于自然山水，并寻求其生命意义的依托与艺术感的本原理念，体现了人依托自然、热爱自然及歌颂自然的情愫与情怀，也充分体现了“天、地、人”三位一体的本原理论。我国山水文化蕴含着深邃的精神内涵，其具体表现为神仙精神、崇拜自然精神以及君子比德精神三种意识形态。追溯其形成过程，早期人类生产技术比较落后，对大自然的认知比较缺乏，也没有战胜自然的能力，因此面对大自然更多的是一种敬畏之心，认为大自然是一种上天的恩赐。也由此，当时出现了许多祭祀山神或者祭拜图腾的活动。之后，随着人类在生产实践中不断加深对于大自然的认知，逐步掌握更多的自然规律，到了春秋战国时期，人们开始摆脱对于自然界的畏惧心理，开始亲近自然，热爱自然，并把自然界中的山水品行与人的精神道德联系起来，从而有了后来的“以山比德”和“以水比智”时期。孔子曾曰：“知者乐水，仁者乐山。”喜山之人，是有仁义之心的人，爱好安静，心境一般比较平和；喜水之人，是有智慧的人，他们懂得在事物中找寻规律，更加懂得变通。这种为山水赋予人的品性的现象，是中国山水文化的一大特点。

二、中国山水文化的价值

（一）审美价值

山水文化的艺术形态多种多样，有山水画、山水文学、山水诗歌等，古人借由山水或者描写景象，或者抒发感情，慢慢地促成了中国文化的意境美。这种山水文化审美意识从魏晋时期开始觉醒，许多文人士大夫为了躲避社会动荡，开始习惯隐居在山林之中，挥文泼墨抒发自己对当时社会时事的不满，一时之间玄学盛行，为中华民族文化注入了新的活力。之后随着社会不断发展，山水诗歌和山水文学不断涌现，名家辈出，如当时的王维、孟浩然、陶渊明等众多诗人佳作如云。山水诗歌的出现促成了以恬淡自然为主的审美传统。

（二）教育价值

山水诗歌中经常有诗人通过对山河的描写来抒发对祖国的情感。比如，南宋诗人辛弃疾的《菩萨蛮》中写到“青山遮不住，毕竟东流去”，宋代陆游的《示儿》中写到“死去元知万事空，但悲不见九州同”等，这里辛弃疾和陆游分别用“青山”和“九州”代表国家，表达对祖国深沉而真挚的情感，将自己对于祖国满腔的热爱之情投射在山水之间，使山水成为抒发爱国情怀的介质，具有极强的爱国主义教育意义。

（三）旅游经济价值

中国的名山大川众多，且其自然风光、风土人情对于人们吸引力巨大，这也就促进了旅游活动的兴起。在旅游中，人们不仅可以观赏到优美的自然风光，还能了解到与山水相关的历史文化、民俗风情等，从而净化心灵、滋养心灵。

近些年，随着旅游业的不断发展，消费者需求也在发生着变化，由此产生了许多山水文化艺术品。这些艺术品深受消费者喜爱，反过来推动了产品价格的攀升，进而催生了旅游业的附加价值，如与名山大川有关的民间制作、饮食文化等，都是由山水文化衍生出的边际效应。总而言之，山水文化不仅具有旅游价值、产品价值，还具有衍生价值。

山水文化是传统文化的重要组成部分，同时对传统文化的发展起着至关重要的作用，主要体现在绘画、音乐、文学、哲学、诗歌等方面。

山水文化在绘画方面对传统文化的影响，具体体现为山水是自然景观，它代表着万事万物的根本属性，魏晋南北朝时期文人士大夫之所以喜欢隐蔽在山林之中，就是想汲取自然之精华，修炼自己的品格，磨炼自己的意志，他们有着对自然山水的崇拜之情，也有着对自然山水的欣赏之情。人在自然中可感受天人合一，因此诗人、画家、宦官、士人齐聚于此，吟诗作画，欣赏山水美景，创建寺庙，结交善缘。久而久之，中国绘画史上产生了山水画派系。比如，以曹植《洛神赋》为蓝本，顾恺之一幅名为《洛神赋图》的画作，将诗歌与绘画完美地融合在一起，画作不仅将诗歌中曹植与洛水女神的爱情故事表现得惟妙惟肖，还进一步丰富了诗歌的艺术表现形式。

山水文化在音乐方面对传统文化的影响，表现为在魏晋时期文人墨客的琴常伴身边，琴文化成为一种风尚，琴声在山林中回响，委婉连绵，与魏晋风度中清幽淡远的风格十分契合，因此奏琴成为魏晋时期的文化新时尚。人在山林中感受大自然的清妙，感受人与境的完美合一，再加之琴声的衬托，最终达到了人、物、琴心合为一体的绝美境界。

山水文化在文学方面对传统文化的影响，主要表现为随着人们面对大自然心态的转变，即由过去的敬畏到现在的欣赏，山水旅游日渐兴起，祖国的名山大川吸引着广大游客前来观赏，这时以山水为表现对象的各种艺术形式如雨后春笋涌现而出，绚丽多彩的山水艺术作品横空出世，带给人们前所未有的艺术感受，是中华民族审美意识的觉醒与艺术创造才能发展的体现。

山水文化在哲学方面对传统文化的影响，主要表现为孔子提出君子比德思想。他用山水来比喻人的仁德功绩的哲学思想，被后世称赞。“知者乐水，仁者乐山”也对后人产生了深远的影响，这种观念深深地刻在了中华民族子孙后代的骨子里。

山水文化在诗歌方面对传统文化的影响，最早起源于南北朝谢灵运和晋代的陶渊明，在他们的诗中经常能看到对于自然景色与农村景象的描写，诗人表达的中心思想或为豪迈的爱国情怀，或为远离世俗纷扰的闲散心情。陶渊明

“采菊东篱下，悠然见南山”的著名诗句被后人广为流传，是最具代表性的山水诗歌名句，充分体现出了山水文化清幽淡远的特色。

总而言之，中国山水文化通过不同的艺术表现形式展现出来，形成具有共性的传统文化，也逐渐发展成为中国传统文化的一部分，两者互相融合，互相影响，共同作用，使得中国文化源远流长。

第三节　中华十大名山文化

中华十大名山为我国秀美山川的典型代表，更是山水文化的重要载体。中华十大名山包含泰山、黄山、华山、庐山、玉山、珠峰、五台山、峨眉山、长白山、武夷山。

一、泰山景区

泰山作为中国著名的风景区，受到了全世界的关注，每年都有众多的海内外游客前来游览，这里被誉为世界自然与文化双重遗产、国家AAAAA级旅游景区、国家森林公园、中国非物质文化遗产、中国书法第一山等。

（一）泰山简介

泰山位于山东省泰安市，主峰玉皇顶海拔1 545米，气势磅礴，雄伟壮阔，被人称为“五岳之首”“天下第一山”，正如杜甫诗中所说“会当凌绝顶，一览众山小”。许多游客不畏严寒连夜登山，就为一睹清晨的第一缕阳光。在天气条件适合的情况下，登山者还能看到漫无边际的云海，波涛汹涌，甚是壮观。泰山雄伟中有着秀丽，瑰丽中透着神奇，令人神往。

泰山是中华民族传统文化的缩影，是中国山水旅游文化的代表之一，见过它的人无不加以赞叹，它也是道家文化“天人合一”思想的寄托之地，是中华民族精神的家园。

泰山作为旅游景区可以说是家喻户晓，而关于泰山的传说也有很多，相传泰山在古时候被人称为“直通帝座”的天堂。因为当时的泰山被百姓所崇拜，所以这里还成了皇帝祭告山神的地方。

古人认为只要泰山安然无恙，就能保佑天下百姓风调雨顺。有史料记载，从秦始皇到清朝一共有13代皇帝前来祭祀。这些足以看出古代泰山对于皇家的意义。不仅如此，百姓对泰山的仰慕之情也丝毫不减，许多著名诗人都曾来此作诗。杜甫的《望岳》中写道："岱宗夫如何？齐鲁青未了。造化钟神秀，阴阳割昏晓。"诗句表现出了泰山的神奇秀丽和巍峨高大。除此之外，随着道教、佛教的兴起，众多寺庙兴建于此，给泰山披上了一层更加神秘的面纱。

（二）泰山民俗

泰山之所以被众人推崇，不仅由于雄伟壮丽的风景，还因为其丰富多彩的民俗，可以让众多外地人在游览观光的同时，体验到当地的风土人情。

1.吹糖人

吹糖人最早源于老北京，一些吹糖人的手艺人背着扁担游走在胡同里，为孩子们捏可爱的泥人。手艺人用铜勺取出一小块糖稀，放在手上来回揉搓，搓成一个长球状的空心小吸管，趁着热乎劲儿，就可边吹边弄成各种小动物。

2.泰山庙会

泰山庙会的雏形始于唐代，而形成一定规模是在宋代，到了明清时期进入鼎盛时期，之后则在民国时期逐渐衰落。后又经过几十年的发展，到了现代再次兴起。如今的泰山庙会能够为游客提供全方位的旅游体验，吃、住、购、娱、商等活动应有尽有，绝对让游客不枉此行。

3.节令习俗

泰山脚下的传统节日除了日常的春节、元宵节、端午节、中秋节等，还有天贶节和浴佛节。关于天贶节，民间有谚语"六月六，请姑姑"。淮安有六月六晒红绿的习俗，这天也是出嫁的闺女回娘家的日子，人们或晒衣服，或晒经书，以求把霉运晒走。浴佛节是在四月八日，这一天相传是佛祖释迦牟尼的诞辰，在这天寺庙里的僧人会用甘草茶做成洗佛水，也称为"香汤"，对释迦牟尼像进行清洗，故称之为"浴佛节"。

4.进香习俗

泰山地区进香的民俗分为"春香"和"秋香"两种。相传，东岳大帝生日在农历的三月二十八日，而碧霞元君的生日是农历三月十五日，这两天寺庙里的香火非常旺盛，众人准备就绪就会上山进香。进香的整个过程都是有严格要求的，必须按照程序进行："起程，沿路焚祠，冲火，落宿，登山，报号（到泰山娘娘殿前报到），朝顶，守架，进供，进香，下山，回香，做回，安驾，谢山。"除此之外，上山进香的香纸也有规定，只能选择三种纸张：一种是黄草纸；一种是印有玉皇大帝为行长，东岳大帝为别行长的大面额冥币；再有一种就是元宝，用锡箔、裱糊、金银成对。有钱人可以在纸张上加盖玺印，增加效力。

（三）人文活动

1. 泰山国际旅游文化登山节

改革开放伊始，为了吸引外国游客，也为了搭建经贸活动平台，泰安市会在每年的9月6日举办泰山国际旅游文化登山节，来自世界各地的登山爱好者都会汇聚一堂，共同参与各种节日活动。泰山的国际旅游登山节设置了多种多样的比赛项目和文艺演出活动，丰富了节日内容，营造出了更加欢乐的节日气氛。具体不仅有徒步登山比赛、自行车登山比赛，还有极具泰山民俗文化特色的文艺演出《紫气东来》，以及“泰安摄影艺术展”“泰安石文化展”“泰山文物珍宝展”“泰山画展”等丰富多彩的文化艺术活动。随着泰山国际旅游文化登山节名气的攀升，泰山的知名度和影响力也进一步提升，促进了泰安市经济和社会的全面发展。

由于泰山国际旅游文化登山节的知名度已经打响，活动主办方开始积极搭建经贸交易合作平台，每年都会有几十个参展团慕名而来。不仅如此，登山节期间还会举办科技与人才交流会，会上大家可以交流最新科技成果、收集科技人才信息。以登山节为载体，人文风光旅游、体育比赛、经贸洽谈、艺术展览、科技展览等全部融合在了一起，所以每年泰山都能吸引成千上万的游客来此观光游览。

2. 中华泰山封禅大典

泰山古老礼仪中最主要的活动就是封禅大典，它是古时候人们流传下来的习俗，是一种对泰山崇拜与信仰的体现。古人习惯将封禅大典当作与上天沟通的机会，协调人、天、地、神之间关系的重要媒介，可以使得人的精神意志与外在行为达到和谐统一。

自古以来，参加封禅大典活动的都是历代皇帝，因此获得了很多的关注，其影响也尤为深远，可以说这一古老礼仪从原始社会到今天一直被大家所重视。

现如今泰山旅游景区还将泰山封禅大典当作创作素材，创作出了大型实景演出项目“中华泰山·封禅大典”，该项目以秦、汉、唐、宋、清五个朝代的皇帝登山封禅为故事主线，通过精彩的故事构思与演员们精湛的演技，将中华民族自古以来敬畏天地的精神以及崇尚“天人合一”的思想呈现在观众面前，让游客在游玩过程中还能了解更多中华传统文化，教育子孙后代，不忘初心。“中华泰山·封禅大典”演出项目不仅为提升当地旅游文化品位与打造品牌影响力起到了至关重要的作用，还拉动了当地经济的发展。

3. 中华泰山成人礼

泰山旅游景区举办中华泰山成人礼活动的初衷是让华夏民族的后代在观赏自然风光与感悟人文之美的同时，了解中国历史文化的发展脉络，汲取中华民族文化精髓。人们在攀登泰山的过程中，既可以磨炼意志，考验体力与耐力，也可在攀登中明白坚持的意义，从而拥有百折不挠、勇往向前的宝贵精神。

泰山文化悠远，众多文化遗产聚集于此，所以将“中华泰山成人礼”活动选在这里举办就是基于泰山深厚的文化底蕴。通过向青少年讲述泰山的故事，激励青少年的文化自信，同时也将泰山文化传播出去，让他们在活动中感受到中国传统文化的魅力，从而唤醒他们学习优秀传统文化的热情，促使他们积极从中汲取智慧与力量。通过一系列的活动，青少年往往可以更加懂得树立坚定人生理想的重要性，以及在实现梦想道路上始终保持如攀登一般坚韧不拔精神的必要性，勇于肩负时代赋予的重任，脚踏实地地为实现中华民族复兴的伟大中国梦而不懈努力。

在“中华泰山成人礼”活动中，只要是能够登顶的青少年都可以获得一枚“中华泰山成人礼纪念章”，这些纪念章上都印有不同的编号，主要目的在于鼓励这些青少年拥有远大的人生理想，发扬中华民族优秀的文化传统，自力更生，热爱祖国，同时树立奉献社会的精神，以及正确的世界观、人生观、价值观。这一枚枚纪念章见证了每个青少年登临泰山顶峰的全过程，也是青少年为实现梦想努力拼搏的精神写照。它将在以后的日子里，不断激励这些青少年勇往直前，在前进的道路上乘风破浪，披荆斩棘，最终实现他们的梦想。

二、黄山景区

黄山，位于安徽省黄山市境内，以奇松、怪石、云海、温泉四绝而著称，同时这些崇山峻岭中的历史遗存、传说、文学、书画和名人故事也被世人所铭记。黄山被誉为中华十大名山之一，也是被海内外所周知的著名山岳之一。

（一）黄山简介

自古以来，关于黄山名称的由来众说纷纭。黄山古时候在风光秀美的岭南地区显得格外突出，因为其山体岩山的颜色远看呈现青黑色，并得名黟山。据古代史料记载，唐玄宗在位时下旨更名为黄山。古代黄山仙气缭绕容易让人产生各种有关神仙的幻想，民间传说也就在这时开始广为流传。最著名的也是众所周知的就是黄帝炼丹升天的传说。

关于黄山还有另外一种说法，黄山之所以得名与古人使用金木水火土“五行”有关，“五行”对应“五色”，其中土位居中间位置，中央正色是黄色，而黄山盘踞于崇山之中，因此而得名。

黄山景区分九个管理区，千米以上的高峰共88座，其中主峰三个，分别是“莲花”“光明顶”和“天都”，海拔均超过1 800米。黄山境内有大量的文化遗存，吸引着众多游客前来游览观光，如古蹬道、古楹联、古塔、古寺、古亭、古桥等。除此之外，还有中国山水画派的摩崖石刻300余处。黄山不仅因其“奇”和历史遗存而著称，而且有丰富的动植物资源，各种珍稀鸟类高达170余种，森林覆盖率也高达84.7%，世有“五岳归来不看山”的说法。

1982年，黄山风景区被国务院公布为首批国家级重点风景名胜区；1990年12月，黄山被联合国教科文组织列入《世界文化与自然遗产名录》；2004年2月，黄山被公布为世界地质公园。

（二）黄山景点

1. 玉屏景区

黄山的玉屏景区主要包括玉屏楼，又被称为文殊院，是黄山中心景区，也是观景的绝佳之地。玉屏楼紧靠玉屏峰，与位于玉屏风两侧的莲花峰和天都峰共同构成了玉屏景区的全貌。

玉屏楼地处天都和莲花峰之间，因此这里几乎成了黄山奇景汇集之处。著名的迎客松挺立于玉屏楼左侧，右侧有送客松，楼前有陪客松、文殊台，楼后便是玉屏峰。在这里便可观赏到“玉屏卧佛”，左侧是佛头，右侧是佛脚，造型活灵活现，将卧佛的形象刻画得惟妙惟肖。

天都峰位于玉屏峰南侧，被称为三大主峰中最为险峻的一座，海拔高达1 830米。去往天都峰的道路十分险峻，但经过开拓者的修建，登封道路不再危险。天都峰峰顶犹如掌心一般平坦，上有“登峰造极”石刻，登上天都峰，会让人产生一种“天下唯我独尊”之感。

莲花峰，位于玉屏楼北侧，与天都峰遥遥相望。如果说天都峰是以“险”著称，那么莲花峰就是以“高”著称，被誉为黄山第一高峰，海拔1 864.8米，从外形来看，在高山峻岭中犹如一朵绽放的莲花，因此得名。从莲花岭到莲花峰需要途径一段名为“莲花梗”的小路，沿途可见各种奇形怪状的松树等。登上莲花峰绝顶处，更有被称为潮汕八大景之一的海岸奇观“莲峰海色”，尤其是在雨后，站在峰顶眺望远处，八面云海，甚是壮观。

2. 北海景区

黄山北海景区是黄山景区的中心部位，东边与云谷景区相连，南边与玉屏景区相接，西边可到钓桥景区，北边临近松谷景区，是一个高山开阔地区。这里汇集了峰、石、坞、台、松、云等奇景，犹如一幅幅天然画卷，吸引着众多游客前来观赏，如此巧夺天工的美景，更是让人流连忘返，也被誉为黄山的风景之窗。

北海景区被群峰环绕，石门峰、贡阳山都是海拔 1 800 米以上的高峰，犹如一道屏障将山隔开南北，景色甚为壮观。在这片雄伟壮丽的群峰中有一个位于狮子峰的清凉台，是人们登山休憩的好去处，这里既可以看到海涛起伏的云海，又可以观赏到喷薄欲出的日出景象。

北海景区除了是观赏的绝佳地之外，还是连接各大景区的枢纽地带。它位于黄山的中心位置，东西南北四个方向都可以通过各种游览小道与之相连，形成了四通八达的交通网络，这里自然也就成了人流最为密集的地带。

3. 松谷景区

黄山历来就有“前山险，后山秀”的说法，这里的后山指的就是松谷景区。松谷景区位于黄山北坡，紧邻黄山北大门，游客选择从北大门芙蓉岭进山是最佳的游览方案。

游客可以沿着北蹬道一路向北，直接去到北海景区。沿途需要蹬爬 6 500 多级石阶，一路走来，各种奇峰险峻，怪石林立，溪水潺潺，给人以清凉之感，是盛夏酷暑的绝佳好去处。

在松谷景区最值得游玩的就是松谷摩崖石刻。松谷摩崖石刻始于唐代，当时许多文人墨客、风流雅士都喜欢来到这里吟诗作赋，留下了众多题刻和碑刻。现存保存完好的题刻有 200 余处、碑刻 4 处，书法字体囊括篆书、隶书、真书、行书和草书，这些字体无不彰显着具有浓厚中国民族特色山水文化的超脱逸世之境界。

要说游览黄山，如遇梅雨季节，还可以听到松树林在雨中窃窃私语的声音，站在林中仿佛世间的一切都停止了，人最终达到了与自然合二为一的精神状态，瞬间懂得了“不以物喜，不以己悲”的人生境界。与此同时，游客还可以观赏到芙蓉峰、松林峰、丹霞峰等著名山峰，老龙潭、五龙潭等水景，以及芙蓉居、松谷禅林等古建筑。

4. 温泉景区

黄山温泉景区古时候被人称为桃源仙境，因黄山温泉景区左侧桃花峰上开遍桃花而得名，现在以温泉较为著名。温泉被称为黄山四绝之一，这里景色优美，山清水秀，位于桃花峰与紫石峰、清潭峰之间。温泉景区以揽胜桥为中心向四周辐射，且这里聚集了众多宾馆和别墅，是黄山的游客接待中心。从温泉景区出发可以到达山中其他各个景区，所以其也可被当作黄山的交通枢纽。据了解，温泉区的主要景点有揽胜桥、翼然亭、白龙潭、观瀑亭、人字瀑、三叠泉、桃花溪、桃花潭、鸣弦泉、观瀑楼等。

黄山温泉已有千年历史，自古以来就深受人们喜爱。这里的泉水具有明显的特点，即泉水异常清澈、无色无味，常年水温保持在42摄氏度，水中含有大量的重碳酸，可以用来沐浴，也可以用来饮用，具有一定的医疗价值，对某些疑难杂症具有良好的治疗效果。古时候相传中华民族始祖轩辕黄帝在这里沐浴后，白发变黑，返老还童，故称此处为灵泉。宋代诗人刘谊曾写过关于黄山温泉的古诗《题黄山温泉》:“山有灵砂泉色红，滌除身垢信成功。不除心上无明业，只与山间众木同。”泉边的石壁上有明朝万历年间游人所题的“天下名泉”等巨字石刻。

（三）黄山民俗

1.抬阁

抬阁是黄山当地的一种在民间广为流传的游戏和娱乐活动，它还有一个名字叫“抬角”，流行于休宁、屯溪一带。一般情况下，抬阁分为上、中、下三层，这三层均由形象以及面容姣好的儿童装扮成不同的故事人物造型，最下面由四到八名壮汉抬着底盘，抬阁的周围用的是纸张扎成的如龙、凤、祥云、仙鹤等形象的彩灯，且彩灯内放有蜡烛，巡游时彩灯点亮，照亮身着七彩颜色的儿童，远处眺望好似神仙下凡。这些儿童所扮演的人物，既不唱歌也不跳舞，仅仅是摆着各种造型不动，配上锣鼓声，热闹非凡。

目前，抬阁已被列入国家级非物质文化遗产名录。这项民间艺术表演是集文学、音乐、戏曲、纸塑、杂技等艺术形式为一体的民间游艺。如今，屯溪隆阜还经常举行抬阁游街活动，他们当地的民间艺人们还创作了《戴震还乡》，以纪念一代宗师戴震。

2.节日习俗

历年的农历十二月初八这天，家家户户都会清扫屋子灰尘，当天还要吃腊八粥。在当地黟县、休宁县北乡一带还有一个习俗就是晒干豆腐，称为“腊八豆腐”。

黄山市每年都会举行一次中国黄山国际旅游节，主要内容为黄山风光之旅、黄山古民居之旅、国家历史文化名城歙县之旅、道教圣地齐云山之旅、太平湖—千岛湖胜水之旅，以及徽州民风民俗表演，黄山书画展，黄山旅游摄影展，安徽名优产品、土特产品及旅游产品大联展等。

3. 茶道文化习俗

据了解，黄山当地人喜欢饮茶，并且他们将喝茶当作一种习惯，一天三次茶饮对于黄山人来说是不可少的。细分有“朝茶”“午茶”和“夜茶”。茶香与空气中的清香味混合在一起，令人陶醉与神往。饮茶的习惯可以保健身体，有“朝不可食，不可不饮”的说法。

饮茶有着当地的讲究，喝茶要细品，午饭之后来上一杯茶，可以帮助人们消食健胃。喝午茶讲究浓烈，喝朝茶讲究清淡。

三、华山景区

（一）华山简介

华山，地处陕西省渭南市华阴市，它在省会西安以东 120 千米处，南侧与秦岭山脉接壤，北侧与黄河、渭水相连，是黄河旅游线路的必经之地。华山自古以来就以其险而著称，更有人称之为“奇险天下第一山”。华山从远处眺望平地突起，仿若一拔地而起的利剑，以其奇秀闻名遐迩。

有一种说法，我们今天常说的中华民族中的“华”字其实就是取自华山的“华”，因此，华山也被称为“华夏之根”。

（二）华山景点

历史上认为华山最初是一块完整的巨大花岗岩，随着地壳运动与变化而逐渐演变为如今的两百多个景点，这其中最为危险的几处景点分别为凌空架设的长空栈道、三面临空的鹞子翻身、如履薄刃的苍龙岭、千尺幢、百尺峡、悬崖峭壁上凿出来的老君犁沟，这些奇景都能让人领略到“奇险天下第一山”的绝险和美妙。

1. “华山第一天险”——长空栈道

作为华山著名险道之首的长空栈道总共有三段，目前已有 700 余年的历史。古往今来，不计其数的探险者和文人墨客前来留下了诸多历史传说与故事。

长空栈道之所以被称作“华山第一天险”，主要缘于长空栈道接近垂直 90 度，仅有 30 厘米左右的木椽栈道，并且栈道仅在一侧设有抓扶的铁索，而没有栏杆等保护措施，游客途经这里刺激非凡，对于喜爱挑战高难度的人群而言，这是个不可多得的好去处。

除了长空栈道凌空行走的刺激感之外，栈道尽头难能一见的华山十大字谜之首“全真岩”、华山卧龙松等众多人文景观，也可吸引广大探险者一探究竟。为了目睹这些文化奇观，前来此地游览的游客络绎不绝。

2. 难度不次于长空栈道——“鹞子翻身”

要说惊险，鹞子翻身这个位于华山东峰的景点算是其一，它也是通往下棋亭的必经之路。鹞子翻身景点位于一处悬崖峭壁间，游客从上至下攀爬，需要手、眼、脚、膝完美配合，即手要紧握锁链，眼要盯好手握之处，双脚要踩稳链条，膝盖要顶住峭壁，人在下山时要保持身体平衡，必要时还要及时地左右翻身，才能顺利下山。整个过程既考验游客的胆量，也考验游客身体的协调性，需要人身体的各个部位积极配合与协调。

3. 宛如黑色苍龙盘踞于刃上——“苍龙岭”

苍龙岭远看呈黑褐色，犹如一条盘踞在刀刃上的巨龙，由此而得名。它位于五云峰下部，形似一薄刃，两侧皆为万丈深渊，险峻绝伦，为华山险道之一。相传唐代文学家、思想家韩愈路过苍龙岭时曾大哭，投书求救，足见其险峻。游客路遇此处无不胆战心惊，腿脚发软，犹如脚踩棉花一般，但对于热衷挑战的探险者而言值得一试。

4. “华山第一险境”——千尺幢

要说华山的第一险境，那非千尺幢莫属，这里是攀登华山顶峰的第一道险境。之所以说它险缘于它的陡峭程度不亚于鹞子翻身，垂直度高达 70 度，将近 370 个不足一脚宽的台阶，向下俯瞰犹如深渊，不禁让人胆战心惊；向上仰视则像天井。因此，千尺幢又被称为“太华咽喉”，甚是险峻。

5. “华山第二险关”——百尺峡

攀登过千尺幢后，迎来的第二个险要关口就是“百尺峡”，百尺峡犹如崇山峻岭之间努力撑着的一条将要关闭的关口，头顶上还有两块悬在半空的石头，有种随时可能掉下来的感觉，游客路过此地，都生怕一个不小心就被石头砸到，着实有点惊险刺激。

6. 华山必经险道——“老君犁沟”

当游客仍然沉浸在惊吓中时，眼前一条夹在峭壁间的沟状险道“老君犁沟”会让人更为惊叹。“犁险于幢，幢险而犁突”就是对老君犁沟的真实写照。这里也是攀登华山顶峰的必经之路。相传，老子李耳途经此地时没有了去路，于是他便骑着青牛用铁犁开出了这一险道，险道尽头就是“猢狲愁”，连猴子见到都犯愁，足见其险非比寻常，这也是华山之所以得名“奇险天下第一山”的原因所在。

（三）人文历史

有史料记载，早在6 000年前的新石器时代，华山脚下就已出现具有新时器时代典型特征的横阵遗址和龙窝遗址。据清代著名学者章太炎考证，华山正是中华民族文化的发源地之一，“中华”及“华夏”皆因华山而得名，这里也被誉为“华夏之根”，后逐渐成为炎黄子孙缅怀先祖的圣地。

素有我国考古界拓荒者之称的徐旭生曾经发表文章提到华夏民族的文化发祥于今天陕西省的黄土原，由此顺着黄河两岸逐渐散布于中国的北方以及中部地区，和他持相同观点的还有同时期的史学家蒙文通、博斯年。

在这之后，前中国考古学会会长苏秉琦在其著作中称中华民族正是以华山脚下仰韶文化的玫瑰花作为自己民族的图腾而得名。他的《谈“晋文化”考古》一文中曾经写道，源于陕西关中西部的仰韶文化，约距今6 000年前分化出一个支系，并在华山脚下形成以成熟型的双唇小口尖底瓶与玫瑰花枝图案彩陶组合为基本特征的“庙底沟类型”，这是中华远古文化中以发达的原始农业为基础的、最具中华民族特色的“火花”，其影响面最广、最为深远。可以说，以“玫瑰花”为标志的仰韶文化，同起源于燕山北侧的以“龙”为标志的北方红山文化，在桑干河上游相互交融，碰撞出了新的文明火花，由此展开了中华文化上下5 000年的文明史，这也印证了清末民初著名学者章太炎先生的一个观点——“中华”“华夏”皆由华山而得名。这一观点不仅得到了众多致力于中华文明和中华民族起源研究的教授的认可，也得到了后人的继承，并对其论述做了进一步的探讨与延伸。

四、庐山景区

庐山，位于江西省九江市境内，又被称为匡山、匡庐，是我国十大名山之一，也是世界文化遗产地，更是夏天避暑乘凉的胜地之一。庐山是典型的地垒式断块山，由于地壳运动形成了现有的冰斗、冰窖、刃脊、角峰、U形谷、盘谷、羊背石等千变万化的地貌景观，这些也是庐山一道道亮丽的风景线。

（一）庐山简介

庐山地形地貌丰富多样，且极具雄、奇、险、秀特点，吸引着世界各地的游客前来观光浏览，庐山不仅具有极高的旅游观光商业价值，而且具有极高的科学研究价值，自古就有“匡庐奇秀甲天下”的美誉。

庐山究竟因何得名，至今一直流传着几种传说，其中一种说法是古时一位叫匡俗的先生跑到庐山上学道求仙，使其得名。据传，当时匡俗上山求仙之事被朝廷知晓，一致认为他是一个能成大事之人，因此周天子数次派人请他下山，但是都被他回绝了。因为担心有人打扰自己修炼，于是他最终躲到了人烟稀少的深山老林中，之后就再也没有人见到过匡俗的身影，他就这样在庐山之中消失得无影无踪。有人说他是修炼成仙，升天而去了，因此庐山也被称为“神仙之庐”。

庐山又被称为匡山或者匡庐，皆因传说中这位成仙的人姓匡。庐山名字随着历史的演变而发展，也最终定为庐山。相传宋太祖赵匡胤名字中含有框字，为了避讳与皇帝同字，而将匡山或者匡庐的叫法取消，至此庐山的名字被正式确定下来并沿用至今。

庐山名称的由来还有一种说法。相传，周武王时期有一位名叫方辅的先生与道家创始人老子李耳一同来到庐山求仙修道，最终二人皆功德圆满修炼成仙，庐山上最终仅留下了一座空空草庐，当地人称之为“人去庐存”之山，庐山的名字由此得来。又因其中一人的名字中有“辅”字，因此庐山还有一个名字叫作“辅山”。

庐山因其雄、奇、险、秀的风景特色，以及深厚悠久的历史文化底蕴，成了一座集合中国教育名山、文化名山、宗教名山、政治名山等多个头衔于一身的大山。

现存有关庐山的名人诗句不胜枚举，如李白的“庐山东南五老峰，青天削出金芙蓉”，苏轼的“不识庐山真面目，只缘身在此山中”，朱元璋的“庐山竹影几千秋，云锁高峰水自流”。

中国历史上赞美庐山的文人墨客和文坛巨匠以及政治名人众多，如古代有苏轼、李白、陆游、孟浩然、辛弃疾、王维、张继等，到了近现代有康有为、胡适、周恩来、毛泽东等，他们都亲自攀登过庐山，在这里留下了 4 000 余首诗词歌赋，因此庐山文化名山的地位确立了起来。

庐山的山，雄伟险峻，怪石嶙峋；庐山的水，秀丽雅致，幽静清澈。如果说庐山的瀑布彰显着阳刚之美，那么庐山的云雾则透露着阴柔之美。庐山是一个值得一去的旅游胜地，只有亲自去过的人，才能真正体会其中的意境，领悟到其蕴含的文化精髓。

1982 年，庐山成为首批国家级风景名胜区；1996 年 12 月 6 日，庐山被列为世界文化遗产；2003 年，庐山被定为中华十大名山之一；2007 年 3 月 7 日，庐山被评为国家 AAAAA 级旅游景区。

（二）文化价值

1. 庐山在中国名山中地位崇高

雄伟险峻的山峰，风光秀美的湖面景色，缥缈的云雾，气势磅礴的瀑布，无不凸显出庐山的阳刚与阴柔之美。在众多名山中，庐山最早被文人士大夫用来进行诗词歌赋创作。庐山是历史上重大政治事件以及文化演变的见证者，它同时影响着中国历史发展的进程。比如，庐山是蒋介石发表抗日宣言的地方，中国共产党也在庐山举行过三次“庐山会议”。

2. 庐山有着丰富的自然遗产

庐山具有独特的自然地质、地貌价值，各种类型的地貌在这里都可以找到，如河流、湖泊、瀑布、平原、冰川、山峰以及溶洞等奇特而具有独一无二魅力的自然景观这里应有尽有。据史料记载，庐山有第四纪冰川遗迹，形成了“地垒式断块山”的典型地貌，这里遗存着角峰、刃脊、悬谷、U 形谷等冰川地貌，动植物资源丰富，山水景观、温泉、云雾等久负盛名。

3. 庐山有着丰富的文化遗产

庐山是中国山水诗的发源地之一，这里曾经涌现过众多知名的山水派诗人，其中就有山水诗的开创者谢灵运、陶渊明等，他们与庐山都有着不解之缘，发生了许多故事，也留下了众多传诵千古的诗词歌赋。除了山水派诗人之外，还有许多文学家、哲学家、艺术家、政治家和科学家在这里进行过文化创作和科学研究，使得庐山拥有了高度的文化价值和科学价值。除此之外，庐山的宗教文化也具有其独特性，其中道教与佛教携手共勉，天主教、基督教、东正教和伊斯兰教在这里生根发芽。宗教在庐山发展至鼎盛时期的寺庙曾达 360 多座，宫观也有 200 余处。与此同时，庐山还是儒家理学的始源地，中国四大书院之一的白鹿洞书院就是由儒家理学集大成者朱熹创立的，培养了大批理学人才。庐山仍有大量杰出科技文化的代表，如医疗温泉、观音桥、璇玑玉衡、西林寺千佛塔等。中国历代帝王都对庐山有着极其深厚的感情，并且给予了高度的重视。此外，庐山为中外文化交流做出的贡献非比寻常，同时留下了众多内容丰富、形式多样的文化遗产。

4. 庐山有着极高的美学价值

庐山在体现中国古典美学方面具有极高的审美价值。人们习惯用“雄、奇、险、秀”四个字概括庐山风景特色，同时庐山被古人誉为提升道德修养、培养艺术审美能力的绝妙境地。庐山因其雄伟险峻的山峰、雅致秀丽的湖水、气势磅礴的瀑布、缥缈的云雾吸引游客前来游览观光，它的美立体而多变，让人流连忘返。庐山的山水美学伴随着古代诗人创作的诗词歌赋而被世人所周知，如李白的《望庐山瀑布》、苏轼的《题西林壁》等都是描写赞美庐山的代表作，也是庐山山水美学的历史印迹。庐山的美不仅体现在山水诗歌上，而且体现在绘画、书法等方面，如晋代顾恺之的《庐山图》《雪霁望五老峰图》是第一次将庐山山水当作绘画对象的艺术创作。除此之外，将文化、诗歌、书法、镌刻融合在一起的摩崖石刻和碑刻也是庐山审美价值之体现。庐山不仅体现了中华民族的传统文化，还具有中外思想融合的艺术建筑。由于历史原因，庐山上现存有牯岭别墅区以及西谷、橄榄山、太乙村、女儿城等别墅区，大多为西式建筑风格，但是其中的园林布置多遵循中国文化传统，可谓中西合璧，为中国名山中独一无二的审美文化。

（三）庐山景点

1.仙人洞

仙人洞是庐山众多知名风景区中的一个，位于锦绣谷南端的佛手岩之下，佛手岩一直都是道家修仙的圣地，到了清朝而更名为仙人洞。仙人洞内有一处被誉为“一滴泉”的地方，由于幽深处有一泉水可以源源不断地向下滴，永不枯竭，由此而得名。洞壁上刻有“洞天玉液”的题词，洞内可见吕洞宾的石像，相传八仙曾在这里修道成仙。当有云雾升起时，这里瞬间便如仙境一般，仙人洞因此名扬四海，吸引着游客前往身临其境地体验一把做神仙的感觉。我国伟大领袖毛泽东曾经公开为之赋诗《七绝·为李进同志题所摄庐山仙人洞照》：“暮色苍茫看劲松，乱云飞渡仍从容。天生一个仙人洞，无限风光在险峰。”

在仙人洞的左侧有一个石头砌成的月亮门，门上方刻有“仙人洞”三个大字。经过门口向里走，可见一块形如蟾蜍的巨石，石上立有一棵挺拔的“石松”，同时石上刻有“纵览云飞”等字样。仙人洞右侧的观妙亭下，还有一块比蟾蜍石更大的游仙石悬在空中，石下便是万丈深渊以及险峻山峰，奇险无比。古人更是为此作诗一首“竹林无处访仙居，百尺丹崖悬断石，游踪亦是未除”。

2.石门涧

庐山石门涧靠近庐山西大门，因其位于天池山、铁船锋之间并有瀑布一泻千里而得名。与此同时，这里气候温和，雨量充沛，所以植物品种繁多，进而被誉为“庐山植物一绝”。

可以说，庐山石门涧集合了庐山众多的貌形态，是集庐山之大成的一大特色景点，其内可见庐山地质变化、生物进化、自然造化以及历史文化，有着“匡庐绝胜”“山水绝胜”的美誉。

庐山石门涧的瀑布也是最早载入史册的众多瀑布之一。两千多年前的《后汉书·地理志》中就有相关记载：“庐山西南有双阙，壁立千余仞，有瀑布存焉。”

明朝末期著名的地理学家、探险家、旅行家、文学家徐霞客在考察庐山石门涧时，曾写下脍炙人口的《游庐山日记》，此也成为后人了解庐山的重要依据。

石门涧早在1 600年前就已经接待过众多前来游览的古人。东晋时期，著名僧人慧远在这里传经布道，所以这里成为净土宗的始源地。惠远之后著有《游石门诗并序》，也由此成为我国书写山水游记的第一人。唐代著名诗人白居易曾到此寻觅古迹，将美景尽收眼底，并赋诗一首赞叹石门涧的山水美景：“石门无旧径，披榛访遗迹。时逢山水秋，清辉如古昔。常闻慧远辈，题诗此岩壁。云覆莓苔封，苍然无处觅。萧疏野生竹，崩剥多年石。自从东晋后，无复人游历。独有秋涧声，潺湲空旦夕。”

3. 三叠泉

我国的三叠泉众多，最著名的要数庐山风景区内的三叠泉。之所以称其为三叠泉之首，是因为它极具特色的地质地貌，带给了众人与众不同的观感，它是集险峰怪石、飞瀑流泉为一体的山丘型旅游胜地。

相传，三叠泉最早被发现是在南宋时期，当时有“一朝何事失扃钥，樵者得之人共传”这样的诗句。不仅如此，古人还称“匡庐瀑布，首推三叠”，并将其誉为“庐山第一奇观”。大月山、五老峰的涧水汇合，从大月流出，经过五老峰背，从北崖悬口流入大磐石，飞泻至二级大磐石，再喷洒至三级磐石，形成三叠，三叠泉由此得名。在这三叠泉水中，一叠泉水90度垂直而下，水从20多米的峰顶一泻而下；二叠弯曲直下潭水中。三叠泉无论是仰看或俯视都能见其壮美景观，“不到三叠泉，不算庐山客”的美誉流传至今不无道理。

4. 五老峰

五老峰又被称为五老山。而关于五老峰，文人墨客挥笔泼墨写下了许多脍炙人口的诗词歌赋，如近代张僧鉴的《浔阳记》中就有“五老峰横隐苍空，其形势如河中府虞乡县五老山”的记载。《虞乡县志》中也有“五老山，在县南十五里，玉柱、太乙诸峰之总名也”的表述。五老山之五老，源出于古代传授伏羲《河图》《洛书》五老之名。根据现存石碑记载，五老峰的建筑最早见于北周，即在西寨子所建的佛教寺院圆通寺和观音阁，唐代的细绳纹砖及宋代的花纹方砖随处可见。五老峰的碑石记载了其千年繁荣纪事以及民间传说轶闻，如宋代杨业在此屯兵练武，兵围普救寺的孙飞虎在此安营扎寨，以及道教八仙中的张果老、吕洞宾等人物的趣闻等。

五老峰地处江西省九江市庐山东南，且绝顶处被垭口斩断，分成并列的五个山峰，所以游客站在山脚下仰望时，好似看到席地而坐的五位老者，故而其得名“五老峰”。五老峰山峰耸立，峰顶直指天庭，甚是雄伟壮观，是全山形势最为险峻的景点。五座山峰中最为险峻的应该是第三峰，它千姿百态，如刀劈斧削，下临深涧，绝壁森森，令人胆战心惊。五座山峰中最高的当属第四峰，海拔高达 1 358 米，置身于此会有“会当凌绝顶，一览众山小”的感慨。五峰看着距离四峰并不远，但是仍需要走过一段蜿蜒曲折的山路才能到达五老峰北端一座孤立的山头。五老峰根部与鄱阳湖相连，因此每当天气晴朗时，站在这里俯瞰浩瀚的鄱阳湖，就可以看到碧波万顷，同时鄱阳湖中的鞋山、湖口的石钟山以及长江与鄱阳湖的分界线清晰可见。

由于五老峰雄伟壮观，去过的人都误认为它就是庐山的主峰。历史上关于五老峰有众多记载，如李白的一首七言绝句《登庐山五老峰》:“庐山东南五老峰，青天削出金芙蓉。九江秀色可揽结，吾将此地巢云松。”《九江郡图说》中也有庐山无主峰之说，文中认为庐山诸峰“各为尊高，不相拱揖”。随着测绘事业的发展，庐山各峰的高度经过精密测量得以确定，大汉阳峰是庐山最高峰，除此之外依次为大月山、晒谷石、小汉阳峰，五老峰仅为第五高峰。但凡是游历过五老峰之人，无不赞叹五老峰之险峻、雄伟与壮观。

5. 白鹿洞书院

白鹿洞书院开始于唐代，兴盛于宋朝，从明朝和清朝沿袭下来，至今已有 1 000 多年的历史，自古与湖南长沙的岳麓书院、河南商丘的应天书院以及河南登封的嵩阳书院并称为“中国四大书院”。

据民间传说，白鹿洞书院的创始人是南唐的李渤，他在院内饲养了一只白鹿，每天陪伴其左右，故人们称之为白鹿先生。随后李渤升任江州刺史，旧地重游，于是修建亭台楼阁，修造山泉，种植花木，使此地成了一处游览胜地。又由于这里山峰回合，形如一洞，故取名为白鹿洞。

1988 年，白鹿洞书院公布为第三批全国重点文物保护单位；1996 年，包括白鹿洞书院在内的庐山被列入《世界遗产名录》。

五、玉山景区

玉山，坐落于我国台湾省南部的屏东县附近，为我国著名的国家级公园，属于亚热带季风气候。玉山顶峰常年烟雾缭绕、人烟稀少，在山峰之上有一种茶，名为冻顶乌龙，为茶之佳品。

（一）玉山简介

古时，玉山周围生活着许多土著民族，他们均认为玉山为其部落的圣山。同时，由于冬季由山脚仰视山峰时，山顶积雪反光如石英一般闪光，所以玉山又被称为“石英山”。不过，不管是“玉山”还是“石英山”，其含义均表示十分闪烁、闪耀之意。关于玉山的记载在清朝末期时逐渐增多，康熙年间的《台湾府志》就有关于“玉山”外形的详细记载。目前，玉山景区是我国台湾地区面积第二大的国家公园，景区内群峰林立、景色宜人、河谷纵横、资源丰富。

（二）玉山景观

玉山风景区面积较大，一共包含四个区域，分别为西北园区、南部园区、东部园区、高山核心地区。玉山主峰、西峰间的鞍部山坳建有一座排云山庄，是此山区唯一的山中旅馆，但因攀登玉山人数众多，山庄容量有限，取得床位很难。玉山主峰山貌高峻，四面皆是陡壁危崖，南北两侧是千仞峭壁，西侧是绝壑深沟，东侧则是碎石陡坡。玉山是台湾五岳之首、百岳之王，蕴含着珍贵的生命宝藏。这里有亚热带、暖温带、冷温带及高山寒原带的不同气候形态，衍生出了多样化的动物群种及植物林相，生态资源相当丰富。

六、珠峰景区

珠峰，指珠穆朗玛峰，是世界最高峰，因此也被称为“世界屋脊”，属于中国十大名山之一。珠穆朗玛峰为藏语音译，其大意为“大地之母”，足以显现出藏族人民对于珠峰的敬仰之情。

珠峰山体大致呈现为金字塔形，顶峰较尖，峰高势伟，峰顶的最低气温常年在零下三四十摄氏度。下部体型巨大，巍峨壮观、气势雄浑、大气磅礴，四周极端险峻、环境复杂，自古为苦寒之地。据测算，珠峰北坡为5 800～6 200米，南坡为5 500～6 100米，最高峰为8 848.86米。珠峰属于喜马拉雅山脉，这一地区冰川众多、怪峰林立，随处都暗藏危险的冰裂隙，随时都可能发生大规模雪崩或冰崩。另外，珠峰空气中的含氧量只有东部平原地区的四分之一，经常刮七八级大风，十二级大风也不少见。风吹积雪，四溅飞舞，弥漫天际。

虽然珠峰环境较为恶劣，四处充满凶险，但是其景观却是世间独有。登顶珠峰俯瞰四周，山脉延绵到远处，在阳光的照耀下抹上了一层温馨的淡黄色，同时由于海拔较高，会给人以云朵就在眼前甚至伸手即可触碰的错觉。眺望珠峰同样神奇，无论那云雾之中的山峦奇峰，还是那耀眼夺目的冰雪世界，无不引起人们莫大的兴趣。总之，珠穆朗玛峰作为世界奇观之一，以其壮丽巍峨之景征服了古今中外旅游爱好者。

七、五台山景区

五台山地处山西省境内，现为国家 AAAAA 级旅游景区、国家地质公园、国家自然与文化双重遗产、中华十大名山之一、世界五大佛教圣地之一等。

（一）五台山简介

古代《名山志》中有记载："五台山五峰耸立，高出云表，山顶无林木，有如垒土之台，故曰五台。"五台山由此得名。

据了解，五台山方圆 250 千米，总面积 2 837 平方千米，其以台怀镇为中心，向周围扩散，在东、西、南、北、中五个不同方向分别耸立着五座山峰，其中最高山峰叶斗峰峰顶海拔 3 058 米，被誉为"华北屋脊"。

五台山历来都是佛教圣地，是我国当前唯一一处青庙与黄庙共存一山的地方。中国青庙指的就是和尚庙，僧侣大都是汉族人，一般着青灰色僧衣；黄庙则是指喇嘛庙，是藏传佛教，藏传佛教与汉人信奉的佛教门派不同，信教喇嘛均穿黄衣，戴黄帽，被称为黄衣僧。这里信奉佛教的僧人众多，因此这里有宗教活动场所 86 处，多是皇帝下令于此修建的寺庙，供不同僧人前来参拜，其中包括显通寺、塔院寺、菩萨顶、南山寺、金阁寺、万佛阁等。

五台山除了是中国唯一一个青庙与黄庙共处一山的佛教道场，还是一个融自然风光、佛教文化、古建艺术、民俗风情、避暑休闲为一体的旅游风景区。

相传五台山是文书菩萨的道场，菩萨顶就是传说中专门为文殊菩萨居住的地方，又称为文殊寺。菩萨顶主要是殿宇，用黄、绿、蓝三色琉璃瓦覆盖。显通寺修建于明清时期，寺内建筑多达四百余间，建筑风格堪称一绝，尤其是无量殿，它总高度达到 21 米，却没有一根梁木作为支撑，全部由砖瓦砌成，外部房檐砖块雕刻着斗拱花卉，内部雕刻藻井悬空，造型奇特，彰显了古代建筑艺术美学的魅力。

五台山的自然风光也是令人叹为观止的，其中的写字崖尤为出名。平时在阳光下是无法看到崖面上的字迹的，只有用水擦拭后崖面上才会显示出类似篆隶体的字迹，当水分蒸发完，字迹会再次被隐藏起来，写字崖由此得名。明末清初思想家顾炎武曾这样描写过五台山："东临真定北云中，盘薄幽并一气通。欲得宝符山上是，不须参礼化人宫。"其对五台山的赞美之情溢于言表。

（二）五台山文化

1.文物遗存

五台山聚集了多个宗教门派，因此有很多相关的文物遗存，其中光是佛像就有30 000多尊，包括菩萨、罗汉、护法神等，另外道教、儒教、地方宗教、僧侣居士以及帝王将相等也可在此地找到。从制作工艺来看，这里的佛像可分为八大类型，分别为泥塑、金属、石刻、木雕、烧瓷、脱纱、刺绣以及画像。除此之外，还有其他类型的文物遗存，如佛塔、影壁、牌楼和碑碣等。

2.佛事活动

（1）跳布扎。跳布扎佛事活动起源于西藏，五台山黄教于每年农历六月十五前后举行。喇嘛们在活动开始的前一天就开始在寺院内念佛经，一起跳金刚舞，按照习俗在菩萨顶开始"镇鬼"。正式举行活动当天，大量有身份的喇嘛从菩萨顶走出，穿街绕巷，在游行队伍最前边架着他们信奉的弥勒菩萨像，队伍后方大喇嘛坐在轿内，二喇嘛骑着马，其余僧侣吹奏庙堂音乐，队伍浩浩荡荡，一行人来到罗睺寺"跳神"。第二天，在菩萨顶上进行"斩鬼"活动，大、二喇嘛身着皇赐衣服，其他僧人头戴面具装扮成28宿，画着圆圈行走，并加以相应的动作手势。通过这样的佛事活动，僧人们认为他们就可以赶走妖魔鬼怪，驱逐一切邪恶力量，迎接来年的万事顺意。

（2）骡马大会。相传清朝康熙皇帝有一次在登五台山时，发现众多虎豹豺狼出没于此处，他担心自己被刺伤，于是便命令差人用箭四方乱射，箭能射到哪里就将森林烧到哪里，于是这里便成了一个天然牧场。每年六月份正是酷暑难耐的时候，而五台山却是凉爽宜人，此时附近的农民就会到这里放牧牲畜，当地群众称之为"寄坡"。如果在"寄坡"时赶上庙会，大量牲畜就会在集市上出售，慢慢地这里便成了"骡马大会"。活动中心位于五峰中心地带的台怀镇，每逢集市，四面八方的商贩便会聚集于此，纷纷做起生意。

随着历史的变迁，五台山的"骡马大会"也在发生着变化，当地县政府为大会设置了接待、宣传、市场管理等众多部门。在整个会期，这里既有牛马交易活动，也有戏曲表演、放映电影等活动，另外农业科普展览以及科技咨询服务处的设置，也进一步丰富了“骡马大会”的活动内容，为当地居民带来了实质性的帮助。据了解，每年“骡马大会”的参会人士不仅有当地居民，还有许多来自河北和内蒙古自治区的商贩。目前，五台山已入选世界遗产项目，开始推动环保新概念，“骡马大会”也由五台山迁至五台县豆村镇。

（3）其他。五台山除了骡马大会之外还有许多民俗活动，如朝台登山健身游、佛教文艺欣赏游、佛国圣地采摘游、寺庙法会祈福游、佛法禅宗探访游等，丰富多彩的民俗活动为五台山增添了一抹文化亮色。

3. 美食

五台山除了有众多民俗活动，还有许多特色小吃和菜肴供大家品尝，如肉片炝香蘑、清炒台蘑等传统名菜，征服了众多游客的味蕾。

4. 过年

五台山每年都会举办形式多样的春节民俗活动，在此期间来自世界各地的信奉佛教的游客和旅游观光者都会到五台山共庆盛举。在这些民俗活动中，游客将看到禅门僧尼过年习俗和特有地方春节风土人情的创意，迎合了目前众多游客渴望远离喧闹和紧张城市生活，追寻简单且纯朴过年情趣的心理需求。

（三）五台山景点

1. 白塔

五台山塔院寺内的大白塔与北京北海公园的白塔外形极其相似，但是其规模、规格要比北海公园的白塔大好几倍，是一座具有尼泊尔式建筑风格的大白塔。据史料记载，塔院寺与旁边的显通寺原为一座寺庙，直到明朝万历七年到十年，神宗赐匾“大塔寺院”，塔院寺才与显通寺分开成为独立的寺院。白塔因其雄伟壮观、气势恢宏、雍容高贵，成了四大佛教圣地之首。

五台山塔院寺内的大白塔塔颈粗壮，塔座呈正方形，环周 83.3 米，整体塔身高达 75.3 米，塔座和塔身粗细相间，方圆搭配，造型优美，同时塔身高大挺拔，塔面为白色，形状仿若一个僧人贮水用的容器。其中，光是风磨铜宝瓶就高达 5 米，白塔上悬空铜铃，当微风吹起时，铜铃阵阵作响，声音十分悦耳。整座白塔中部还建造有三间塔殿，内有三大士铜像。

白塔基座分别伸向东、西、南、北、东南、东北、西南和西北八个方位，呈八角形，同时塔基的四角上建有四个小亭子，在小亭子的衬托下，白塔的形象更加雄伟壮丽。不仅如此，环绕塔基建造的有可避风雨的长廊，而在白塔下方是一个殿，俗称塔殿，殿内供奉着文殊、观世音等佛像。在白塔的围廊上还有许多法轮，其在喇嘛寺庙内用来祈祷和诵经，人们也叫它转经筒。每个法轮上都有“唵、嘛、呢、叭、咪、吽”六字真言，也被称为“六字大明咒”。

2. 南禅寺大殿

南禅寺大殿位于山西省五台县西南 22 千米的李家庄。南禅寺大殿坐北朝南，殿内呈四合院形式，它是中国现存最早的木结构建筑。南禅寺大殿 12 根檐柱柱头直接承托斗拱，带有明显的唐代建筑风格。宋朝、明朝和清朝分别经过多次修葺，直到 1973 年我国才又进行了复原性的整体修复工作，而修复后的建筑体现出了唐代建筑气魄宏伟、庄重大方以及严整开阔的建筑特色。

3. 显通寺铜殿

显通寺地处山西省五台山台怀镇北侧，是五台山规模较大且历史悠久的寺院，它也是五台山五大禅处之一，是全山寺院之首，也是中国最早寺庙之一。

有史料记载，显通寺建于西晋太康五年，北宋元丰间赐额“显通”，而辽金时又加封“显济王”，故又称“显济王庙”。时代风云变幻，显通寺也历经了几次败落以及重新修葺，最近一次修葺是在 1980—1985 年。经过历史数百年的洗礼，寺内至今仍然遗留着历朝历代的各种文物，吸引着众多游客前来一睹其珍贵芳容。

山门外两侧各有一座石碑，石碑上分别模仿动物的外形写着“龙”“虎”二字，在当时来说实属罕见。作为唐代遗留下来的文物，其显得尤为珍贵。在众多珍贵文物中，最值得一看的文物，却是千钵文殊铜像、铜殿和铜塔、华严经字塔、无量殿和重达九千九百九十九斤半的大铜钟。这尊大铜钟悬挂于显通寺的钟楼之内，相传铜钟之所以没有铸成万斤重，是为了忌讳对皇帝称呼“万岁”中也有一个“万”字。这个铜钟的名字就叫幽冥钟，其钟声悠远绵长，因此人们又称之为长鸣钟或是长命钟。

4. 显通寺无量殿

五台山寺庙中轴线上有较为罕见的汉白玉石砌成的“无梁殿”，此大殿内没有一根柱子支撑，全靠砖石砌成，结构奇特，充分体现了古人的智慧。从外观上看，其共分两层，上层结构实际上就是一层窟窿拱洞，拱洞没有任何支撑，均由一块块青砖砌成，令人叹为观止。当游客向上仰视时，一种气宇轩昂的感觉扑面而来，甚是壮丽。整个无量殿高达 20.3 米，面宽 28.2 米，进深 16.2 米，是我国明代建筑中不可多得的艺术瑰宝。

游客来到这里先映入眼帘的便是大殿门楣上方所嵌的七块牌匾，据说这七块匾额代表着《华严经》上释迦牟尼讲过的法的七处道场。据说释迦牟尼曾经在这七处地方共讲经九次，因此这座殿宇也暗含着“七处九会”的意思。

八、峨眉山景区

峨眉山，为我国佛教四大名山之一，不仅是广为人知的著名旅游景点，而且广泛出现于历史文化典故与各种小说之中，足见峨眉山在人民群众心中的地位。如今，峨眉山是世界文化与自然双遗产，吸引了大量国内外游客前来观赏游览。

（一）峨眉山简介

相传，汉朝时期佛教初次传入中国，并在我国逐渐“生根发芽”，此时有些僧人进入四川地区，并在峨眉山附近修建佛寺。根据《峨眉山志》记载，这时于峨眉山修建佛寺的僧人为僧肇，其最早修建的寺庙名为黑水寺。僧肇是我国东晋时期僧人，相传为这一时期著名佛教译经大师鸠摩罗什的弟子，并深得鸠摩罗什真传。僧肇本来信奉老庄道家之学，后来不经意间读了《维摩经》，顿感醍醐灌顶，此后便对佛学产生了浓厚的兴趣，于是拜师于鸠摩罗什。僧肇在此后一段时间曾进入四川地区，认为峨眉山山石构造与周边资源十分适合修习佛学，于是便在此建立黑水寺。公元 399 年，慧持和尚在此建立普贤寺，专门供奉普贤菩萨。

到了唐朝，由于唐朝统治者十分信奉佛教，便在此兴建了诸多佛寺，并重建了中峰、中心、华严、万年、黑水、灵岩六大寺。后来由于山中时常发生火灾，为了取辟火之意，便将寺庙更名为集云、卧云、归云、黑水、白水等。后来，由于黑水寺历史较为悠久，规模较大，被尊为峨眉祖堂。

（二）峨眉山景点

峨眉山旅游主要包含两方面，一方面为山水旅游，主要是欣赏自然景观，包含峨眉山的山、水、树等，另一方面为人文旅游，主要是峨眉山的寺庙等。

据统计，峨眉山上本来有各种寺院一百余处，在朝代不断更迭后，经过多次重建，又被多次荒废，目前尚存有寺院万年寺、报国寺、伏虎寺、善觉寺、光相寺等。

1. 万年寺

万年寺，为峨眉山上历史最为悠久的寺庙之一，相传为 2 000 多年前的汉朝时一名采药老人蒲公的礼佛处。起初其名为普贤寺，用于供奉普贤菩萨，香火极为兴盛。公元 876 年，万年寺更名为白水寺。该寺庙最适宜游玩季节为每年的初春时节与初秋时节，万年寺中石碑林立，均镌刻有各种历史典故与文人事迹，是不可多得的文化宝库，其中最为著名的一尊石碑出自米芾之手。其著名景点包括无梁砖殿与白水秋风。

（1）无梁砖殿。无梁砖殿始建于公元 1600 年，当时社会动荡，正处于明末清初之际，万历皇帝为了给母亲祝寿，也为了保佑明朝的安宁与稳定，下令修建该殿。

无梁砖殿高度约 17 米，面阔 15 米，进深 16 米，具有浓厚的异域风情，顶部像极了蒙古包，穹顶浑圆，而殿体四周则为方形，与古代"天圆地方"的思想相一致。

无梁砖殿中有 24 个佛龛，每个佛龛都造型独特，体现出了我国古代极为高超的佛教造像文化。有人说，若把无梁砖殿视为一个巨大的塔座，那么无梁砖殿的整个造型就是一个巨大的金刚宝座式塔。

（2）白水秋风。白水指白水寺，秋风指秋季的白水寺景色引人入胜，故名白水秋风。相传古时寺庙屡遭焚毁，于是更名为白水寺以辟火。每逢金秋佳节，白水寺附近色彩斑斓，景色令人如痴如醉，丹桂飘香，秋风舒爽，山下尚且存在夏季的炎热之感，而古刹处于山峰之上，已经有了秋季乃至初冬之景象，给人以跨越时间的错觉，令人流连忘返。

2. 报国寺

报国寺，海拔 533 米，曾多次更名和修缮，如今是峨眉山著名的佛教活动中心，每年都有大量佛教信徒前往。

峨眉山庙宇林立、香火旺盛，而报国寺则是众多庙宇中最靠近山门的一座，可视为峨眉山的"门面"。踏入峨眉山的大门，先映入眼帘的便是报国寺，报国寺体型庞大、气势恢宏、雕梁画栋、香烟袅袅，其外形宏伟壮丽，角阙翘起，好似展翅欲飞的凤凰。报国寺中的主要景点有弥勒殿、大雄宝殿、七佛宝殿、普贤殿等。

（1）弥勒殿。弥勒殿内部供奉弥勒佛，后殿供的是韦驮站像，背朝山门，面对大雄宝殿。韦驮是佛教的护法神，身穿胄甲，右手托山，左手按金刚降魔杵，修眉凤眼，双唇紧闭，威武刚强，正气凛然。

（2）大雄宝殿。大雄宝殿为报国寺中第二殿，殿内中央供奉的是释迦牟尼，左右两侧供奉有十八罗汉。相传，十八罗汉是当年跟随释迦牟尼修行的弟子。殿内后龛内供有阿弥陀佛像，阿弥陀佛又称"接引佛""无量寿佛"，是西方极乐世界的教主。

3. 伏虎寺

伏虎寺，又被称为伏虎禅院，紧挨报国寺。相传最早伏虎寺并非叫此名，只是由于屡遭虎患，故更名为伏虎寺。伏虎寺附近建有三桥、二坊，古刹殿宇交相辉映，共同围成一个四合大院的大天井，周边绿树掩映、山水环抱，分外美妙。

4. 善觉寺

善觉寺，最早名为祥龙院，与伏虎寺互相对应，屹立于峨眉山中。善觉寺山门有横匾，相传为遍能大师之手书，旁边雕塑四大天王。20 世纪中后期，该寺庙曾被损毁，目前善觉寺经过多次重修，已经焕然一新。

5. 光相寺

光相寺，由于其寺顶时常在阳光的照耀之下焕发出十分耀眼的金光，故名光相寺。相传该寺庙始建于东汉时期，曾多次荒废并重建。

九、长白山景区

长白山，坐落于今我国吉林省东南部区域，其东南部与朝鲜接壤。长白山由于山上多白色石头，常年积雪，故名“长白”。关于长白山，自古就有“千年积雪万年松，直上人间第一峰”之说法。如今，长白山是国家 AAAAA 级景区，吸引着中外游客前往游览。

（一）长白山简介

长白山中野生动物数量与种类非其他地区所能及，是我国三大自然资源宝库之一。据统计，这里生存着 1 800 多种高等植物、50 多种兽类、280 多种鸟类、50 种鱼类以及 1 000 多种昆虫，其中包含众多国家一级保护动物，包括东北虎、金钱豹、梅花鹿、紫貂、黑鹳、金雕、白肩雕、中华秋沙鸭等。

长白山中植物与矿产资源十分丰富，有许多植物具有极为宝贵的药用价值，也有些植物已经濒临灭绝，需要专门进行保护。另外，长白山景区的地理环境十分复杂，而且经过多年的地质变迁，这里积累了丰富的矿产资源。据统计，这里的矿场约有 100 余种，目前国内所发现的矿产资源也不到 200 种，可见长白山景区能够为我们提供十分多样的矿物，对我国矿物质研究与开发提供了极大的帮助。

（二）长白山景点

1. 山峰

长白山风景区范围很大，海拔较高，主峰为白云峰，主要景点为天池、长白瀑布。除上述景点之外，长白山还有诸多山峰，每到一处，均可欣赏到别致景观。例如，天文峰、玉柱峰、梯云峰、冠冕峰、鹿鸣峰、华盖峰、龙门峰、卧虎峰、天豁峰、紫霞峰、锦屏峰、铁壁峰、观日峰、长白瀑布、乘槎河、长白温泉群、长白山谷底林海、长白山大峡谷等。

长白山风景区处于东亚大陆边缘地带，地壳活动较为剧烈，在距今上亿年前的中生代时期，就曾经历多次地壳运动，古老的岩层时常突然间发生剧烈晃动。

长白山风景区属于温带大陆性山地气候，该气候的特点为夏季较短且比较凉爽，冬季十分漫长、严寒难耐，春秋季节较为干燥且多风。所以，最适宜的游玩季节为夏季。当然，如果是为了欣赏万里冰封的壮观之景，可以于冬季前往，不过需要由专人引领并做好相应准备。

2. 天池

很多人因天池而认识到长白山，足见长白山天池的知名度。虽然长白山天池为人所熟知，但其总是带有一丝神秘色彩。天池附近存在“补天石堆”“八卦庙”等景点，承载了古人对天池的遐想。长白山天池也被称作白头山天池，水域十分庞大，南北长 4 400 米，东西宽 3 370 米。2000 年，长白山天池被上海大世界基尼斯总部公布为“海拔最高的火山湖”。天池的主要景点包括乘槎河、长白飞瀑、二道白河、聚龙温泉、五道白河等。以上景点均气势恢宏，体现出了巍峨磅礴的天池景象。

十、武夷山景区

武夷山，位于今福建省武夷山市附近，是我国著名旅游风景区与中华十大名山之一，更是国内著名的茶叶种植区。

（一）武夷山简介

武夷山属三教名山，包含丰富的儒释道三教文化，自古受到皇家、学者、名士极高的重视。经过朝代更迭，武夷山留下了大量宫观庙宇，成为我国重要的历史文化遗迹宝库。

相传，早在新石器时期这里就已经开始有人居住，目前武夷山上残存的虹桥板等即见证了他们的存在。西汉时期，汉武帝信奉道教，期望能够长生不老，曾多次派遣方士前往最为著名的道教圣地进行祭祀，其中就包括武夷山。唐朝中期，唐玄宗具有较高的艺术造诣，对于国内各名山大川十分向往，于是大封天下名山，武夷山就在其中。唐玄宗还命专人在武夷山的特定地区进行保护，严禁焚烧、砍伐等行为，违令者严惩不贷。唐朝末期，杜光庭还将武夷山封为三十六洞天之一。上述内容表明自古以来武夷山就有丰厚的道教文化底蕴，同时武夷山还留下了一些庵堂遗址与儒家讲学遗址，足以证明武夷山为三教名山。朱熹是我国宋明理学的集大成者，上承孔孟儒学之道，下启明清近代儒学之思，拨前年之乱而反正，是我国儒学发展史上最为重要的人物之一。据记载，朱熹曾于此地讲学，其学派因此名为闽学，可见此地深厚的儒学文化底蕴。

此外，武夷山物产丰富，最为著名的便是武夷山大红袍与金骏眉。大红袍属于乌龙茶，外形为条索状，冲泡之后茶汤颜色较为明亮，具有明显的兰花香气，具有一般茶叶所具有的提神醒脑、消除疲劳、消炎杀菌、消食解腻等功效，同时还具有防癌抗癌之功效。金骏眉属于红茶，颜色深红偏黑，冲泡后茶汤为红色，饮用后具有利尿去水肿之功效，其中蕴含的茶碱与维生素对于肠道疾病具有一定的疗效。可见，武夷山除了景色宜人、文化底蕴颇丰之外，还盛产有名贵的茶叶。据统计，武夷山曾多次举办与茶文化相关的各种盛会，如“无我茶会”等，这进一步加深了武夷山在社会的影响力。

（二）武夷山景点

武夷山包含丰富的人文景观与自然遗产。人文景观包括古闽族文化、古汉城遗址、鹅湖书院等；自然遗产包括黄岗山、天游峰、九曲溪等。

1.人文景观

（1）古闽族文化。古闽族是从夏商至战国时期生活在福建及其附近区域的民族，据学者推测，古闽族很可能就是《周礼》中的七闽。武夷山地区存有闽越王城遗址，为古闽族人文观赏旅游的重要目的地。

（2）古汉城遗址。武夷山景区存有古汉城遗址，占地面积庞大，约58万平方米，对于历史文化研究具有极高的价值。同时，古时候的城墙遗址与留存的陶器也具有一定的艺术性，体现了我国古代劳动与艺术的较高水平。

（3）鹅湖书院。鹅湖书院位于武夷山景区之内。相传南宋时期此地曾举行过鹅湖之会，当时著名的理学家朱熹、陆九渊等人齐聚于此，共同探讨儒学问题，成就了一番佳话，而鹅湖书院便成了著名的学术中心。

2. 自然遗产

（1）黄岗山。黄岗山为武夷境内著名山峰，海拔 2 160 米，海拔较高，且在不同海拔具有不同种类的绿植。从低海拔到高海拔分别生长有大量毛针林、常绿阔叶林、常绿落叶阔叶混交林、针阔叶混交林、针叶林、中山矮曲林、山顶灌木丛草甸等。

（2）天游峰。天游峰为道教三十六洞天中第十六洞天，具有比较丰富的道教文化底蕴，峭壁有摩崖石刻多处，展现出了古人精湛的石刻艺术。天游峰海拔约 400 米，山峰陡峭，险峻异常。

（3）九曲溪。九曲溪为武夷山景区中一条蜿蜒绵长的溪流，虽然直线距离仅为 5 千米，但是由于九曲溪蜿蜒曲折，其全长逾 60 千米，溪流水质清澈，可达到国家地面水 I 类标准。

第五章　饮食旅游资源与文化

第一节　中国饮食文化的渊源

一、中国饮食文化的起源

中国为四大文明古国之一，并且是四大文明古国之中唯一一个文化从未中断的民族，必然具有深厚、独特的历史文化底蕴。其中，饮食文化是永远无法绕开的一个话题，如今饮食文化更成为旅游文化的重要载体。

饮食文化伴随人类社会的形成而出现，又伴随人类社会不断发展、进步而不断丰富。而关于饮食文化的起源，素来都有不同的看法，不同的学者立足于不同的学科出发点，对饮食文化进行着各种研究。有学者认为黄帝应当作为饮食文化的始祖；有学者认为燧人氏发明钻木取火，所以他应当是饮食文化的始祖；还有些学者认为伏羲氏曾教人结网捕鱼，他才应当算作饮食文化的始祖。但是笔者认为，关于黄帝、燧人氏、伏羲氏的记载年代久远，其本人存在与否也尚且存疑，直接将饮食文化的始祖定义为他们中某一个人难免失之偏颇。根据马克思主义的看法，历史从来都是在人民群众的合力推动下向前发展的，饮食文化必然是原始氏族社会共同创造并发展而成的文化体系。

原始社会末期，人们生产力水平低下，无法蓄养牲畜，无法种植作物，只能依靠野果、小动物充饥，根本谈不上饮食文化。而随着社会不断发展，人们逐渐掌握了一定的生活技术和手段，同时生产力有所提升，加之社会分工逐渐明确，人们便开始出现有意识的烹饪活动。

根据考古学家推测，大约在距今一万至四万年前，人类初步发明了石烹法，此为最早的烹饪方式。石烹法，就是把食物放到火上或石板上，然后在石板底部加热，通过热传导将食物烤熟。新石器时代，人们开始制作陶器，并利用陶器存放、熏蒸食物，此为原始烹饪的一次重大突破，这也标志着人类社会开始初步产生饮食文化。

二、中国饮食文化的发展

中国有句古话“民以食为天”，可见饮食在中国民间的重要地位。中国作为饮食之邦，长期以来形成了丰富多彩的饮食文化，且以其独特的文化内涵享誉世界。这是在长期的历史发展中形成的，饮食文化离不开历史的发展，不同朝代有着不同的饮食文化（图 5–1）。

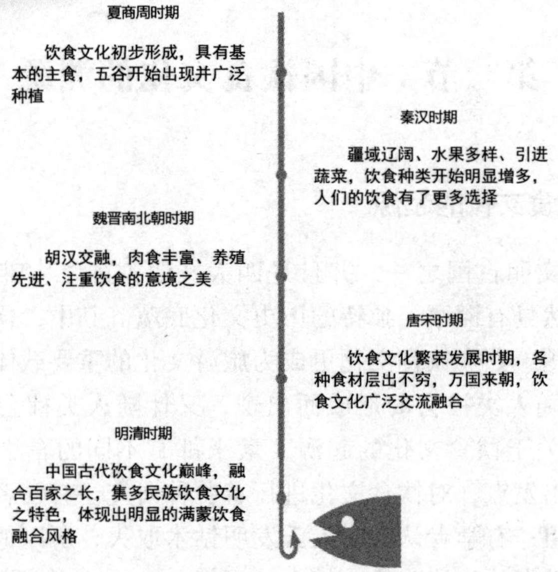
夏商周时期
饮食文化初步形成，具有基本的主食，五谷开始出现并广泛种植
秦汉时期
疆域辽阔、水果多样、引进蔬菜，饮食种类开始明显增多，人们的饮食有了更多选择
魏晋南北朝时期
胡汉交融，肉食丰富、养殖先进、注重饮食的意境之美
唐宋时期
饮食文化繁荣发展时期，各种食材层出不穷，万国来朝，饮食文化广泛交流融合
明清时期
中国古代饮食文化巅峰，融合百家之长，集多民族饮食文化之特色，体现出明显的满蒙饮食融合风格

图 5-1　饮食文化发展脉络

（一）夏商周时期

夏朝，是我国历史发展中的重要阶段，其发展意味着我国从原始社会向奴隶社会的转变。在这一时期，我国生产力相较于原始社会有了重大发展，各方面都有所进步，当然也包括饮食文化的发展。“根据史书记载，当时已有韭、瓜、梅、黍、稻、麦等，在夏朝前后，我们的祖先已学会用粮食造酒。”[①] 相传我国酿酒技术起源甚早，虽然说法众多并有所差异，但是均认为夏朝前这种技术便已经出现。例如，1987 年山东莒县曾出土 5 000 年前的酿酒器具便是佐证。

商朝，又称殷商，是我国文化发展中的又一高峰，这一时期出现了上下两段的服饰，其形制与我们如今所穿服装十分相似。同时，商朝各种工艺品层出不穷，包括各种玉石佩饰、雕饰等。商朝的武器制造业显著发展，同时军事编制已经比较庞大，主要的武器装备包括战车、弓、箭、戈、矛、刀、斧、钺、干盾、矢镞、头盔、甲胄等，其中戈、矛、刀、斧、矢镞、头盔等是用青铜铸造的。“到了商代，饮食内容进一步丰富，根据对甲骨文的考证，祭祀活

① 龚鹏．旅游文化 [M]. 北京：北京理工大学出版社，2016:238-239.

动还必须用酒，而且这一时期，一些用来煮食品的钟鼎等器皿的做工也越来越精美。”[①] 可见商朝出现了众多盛放和制作食品的器具，这表明食物种类越来越多，同时其在保证实用性的前提下加入了艺术创造，体现出了商朝古人丰富的表现力与创造力。

周朝，我国的饮食文化进一步发展，人们开始以谷物和蔬菜为主食，这说明种植业逐渐发达，人们掌握了比较熟练的种植技术。进入春秋战国时期，在各诸侯的大力推崇之下，社会中呈现思想百花齐放的趋势。春秋战国之交，农家开始创立，其代表人物为许行，许行结合我国古代农业发展的特征，提出“君民并耕”的思想。他主张君王应当和人民一起耕作，从而增强大家劳动的积极性，促进农业发展，这样国家的粮食将会越发富足，国家将更加稳定地发展。农家的这种思想极大地促进了春秋战国时期我国饮食文化的发展。另外，这一时期食物种类持续增多，“仅《诗经》中提到的食品，植物类的就有 130 多种”[②]，主要包括稷（谷子）、黍、麦、菽、麻、稻等。

（二）秦汉时期

秦朝，我国完成了由奴隶社会向封建社会的转变，社会政治制度越发完善，且统一货币、度量衡均为秦朝之首创。同时，秦朝饮食在春秋战国基础上又有了大量的水果，如樱桃、李子、柿子、桃子、杏、枣等。

汉朝，是我国古代历史上最重要的时期之一，这时天下大定、纷争平息，虽然秦朝曾一统九州，但是其存在时间较短，所以自春秋战国一直到秦朝末年，华夏大地一直是战火纷飞的态势。汉朝前期，统治者为了大力发展生产力，实行与民休息的政策，奉行黄老之学，所以国家的种植业、养殖业都在一段时间内快速恢复和发展。例如，文景时期皇帝生活俭朴，十分注重农业，文景二帝都曾经多次下令劝课农桑，根据户口比例设置三老、孝悌、力田若干人员，并给予他们赏赐，以鼓励农民生产。他们奖励努力耕作的农民，劝解百官关心农桑，每年春耕时，他们还亲自下地耕作，给百姓做榜样。

因此，汉朝的饮食种类与数量与日俱增，人民的生活水平极大提高。汉武帝时汉朝国力相当鼎盛，那时我国疆域空前辽阔，东抵日本海、黄海、东海暨朝鲜半岛中北部，北逾阴山，西至中亚，设西域都护府，西南至高黎贡山、哀牢山，南至越南中部和南海。

---

① 龚鹏．旅游文化 [M]．北京：北京理工大学出版社，2016:239.

② 同上．

强大的军事实力使得周边国家纷纷沦为汉朝的属国，一时之间，万国来朝，长安城中热闹非凡。在广泛的交流活动中，汉朝也引进了许多其他国家的特色食物。例如，引进了石榴、胡桃、葡萄、芝麻、黄瓜、西瓜、茴香、莴笋、胡萝卜等，并学习了相应的烹饪方法。

东汉时，淮南王刘安曾痴迷于修炼丹药，希望通过炼丹实现长生不老，然而他却在不经意间制成豆腐，于是阴差阳错成了“豆腐创始人”，至今安徽省淮南市仍有纪念刘安作为“豆腐创始人”之石碑。另外，东汉时期还出现了提炼植物油的方法，从前人民烹饪都是用动物油，此后植物油开始进入人们的生活。

（三）魏晋南北朝时期

魏晋南北朝时期，我国再次进入一个战火纷飞、动荡不安的分裂时代，因此我国的农业水平并未取得十分明显的提升。不过，这一时期北方少数民族大量进入中原，促进了胡汉文化大融合，为中原一带增添了许多新鲜的养殖技术。

由于我国养殖技术的发展，人们对于肉食有了更多需求与偏爱，并出现了许多关于制作美食的著作，如《四时食经》《太宫食经》《饮食方》等。此外，胡饼烤肉等胡人饮食也深受汉人喜爱，而胡人则接受了汉族先进的饮食礼仪。总之，在魏晋时期的民族大迁徙和民族大融合中，不但中原吸收了胡人饮食文化，而且胡族中也推广了汉族的农耕方式，同时通过交流，改变了整个中华民族的饮食习惯。从这时起，胡族开始接受汉族的五谷杂粮，汉人也从胡族身上学习到了许多原本不曾掌握的饮食文化。

（四）唐宋时期

唐宋时期，我国的饮食文化继续发展，无论是种植养殖还是烹饪技术都日渐成熟和完善。诗仙李白在《行路难三首》中写过“金樽清酒斗十千，玉盘珍羞直万钱”的诗句，唐朝饮食文化之多样性和考究程度可见一斑。实际上，唐宋时期的饮食文化在中国传统文化体系中占了极大的比例，可以说整个中国历史都和美食文化有着难以分割的关系。唐朝时期，我国综合国力鼎盛，开放了天朝的大门，推动了各种文化的输出与引入，促进了饮食文化多元化、层次化发展。

唐朝人的主食一般为饼、饭，并以饼为主，需要注意的是，唐朝的饼并不仅仅指如今的大饼，还包含各种面食，如胡饼、蒸饼和汤饼等，所以称之为面食或许更为贴切。饭在唐朝的地位虽然不如饼，但是仍为饮食文化中不可或缺的一部分，甚至有些地区的人更喜欢食饭而非饼。唐朝人食用的饭多种多样，主要有稻米饭、粟米饭、黍米饭等，其中稻米饭范围最广。人们常以稻米饭配上菜肴，如“香稻熟来秋菜嫩，伴僧餐了听云和”。唐诗是唐朝社会的缩影，通过优美的诗句，也能看出稻米饭在唐朝社会的价值。在宋朝，我国的饮食种类比唐朝有过之而无不及，人们从《梦粱录》中即可窥见端倪：“更有专卖血脏面、斋肉菜面、笋淘面、素骨头、麸笋素羹饭，又有卖菜羹，饭店兼卖煎豆腐、煎鱼、煎鲞、烧菜、煎茄子，此等店肆乃下等人求之粗饱，往而市之矣。”①

（五）明清时期

明清时期，饮食文化进一步发展，对唐宋时期饮食文化进行了总结并完善。同时，由于清朝统治者为满族，在饮食上又加入了许多少数民族文化和元素。这时“饮食结构有了很大变化，菰米已被彻底淘汰，豆料成为菜肴，不再作为主食，北方黄河流域小麦的比例大幅度增加，面食成为宋以后北方的主食”②。另外，明朝大量引入各种薯类，丰富了饮食结构，并使其成为主要菜肴之一。清朝满汉全席作为宫廷盛宴，则成为家喻户晓的饮食文化最高水平。满汉全席包含满族与汉族的各种特色菜系，菜品外观精美、种类多样、礼仪考究、无所不包，堪称中国古代饮食文化集大成者。

三、中国饮食文化的特色

中国饮食文化博大精深、异彩纷呈，与传统思想文化相得益彰，特色鲜明，极具魅力。

（一）味道

饮食最初是为了填饱肚子，随着时代发展，人们的生产力水平有了明显提高，饮食便被赋予了更多其他意义，人们开始注重食物的口感与味道。久而久之，中国便形成了以味道为先的饮食特色。

中国饮食与西方饮食有很大不同，西方饮食把食物的营养价值放在首位，注重蛋白质、脂肪等营养元素的配比，而中国最讲究的是五味调和，旨在追求舌尖上的美味。古人所说的“五味调和”，主要指的是酸、甘、苦、辛、咸，

① 吴自牧．梦粱录 [M]. 西安：三秦出版社，2004:29.

② 龚鹏．旅游文化 [M]. 北京：北京理工大学出版社，2016:239.

拥有高超烹饪技术的人能够对这五种味道掌握得游刃有余，实现口味上的和谐。也就是说，中国传统饮食注重味道，要求食物能够同时满足人的生理需要与心理需要。

（二）养生

中国自古就有与养生相关的传统思想，这在许多传统典籍中也有着丰富的记载，如《黄帝内经》《庄子·养生主》等。在《黄帝内经》中，就有“五谷为养、五果为助、五畜为益、五菜为充”的三素一荤饮食结构。随着社会的发展，这些养生思想在饮食领域愈发丰富。

在中国饮食文化中，人们还把古代天人和谐的思想融入进去，在此基础上形成了“食治养生”的营养观念。例如，中国饮食文化强调食物合理调配，防止过与不及，强调温度适宜，防止过烫过冷等。所以，中国饮食文化的又一重要特性在于其养生性，既要求食物的美味，又要达到延年益寿、调养身心的效果。

（三）美感

中国饮食文化注重美感，视觉享受能够对食物起到“加分”的作用，在品尝食物之前，先能引起人们注意是食物的外观，外观具有美感，可以给人带来赏心悦目的体验。

首先，盛放食物的器具要美。古人盛放食物的器具有各种各样的类别，有些外形是根据其功能和作用特地制造而成的，用美观的器具衬托食物，此为食物与器皿之间的辉映协调。

其次，食物的颜色与形态要美。这就要考察厨师的刀工、火候，以及食物色彩的搭配能力等。

最后，放眼全部的菜肴，要具有一定的序列美感与和谐美感，各菜品在颜色、外观上要协调。总之，饮食文化的美感十分重要，这样才能够提升食客的食欲，更能够营造出一种和谐美妙的意境，这与中国传统文化的写意性相一致。

（四）礼仪

中国被誉为“礼仪之邦”，华夏文化的礼仪蕴含于我们日常生活的各个领域，这当然在饮食文化中也有所体现。根据文献记载可以得知，至晚在周代时，饮食礼仪已形成一套相当完善的制度，其中包括宴饮礼仪、待客礼仪、进食礼仪等多方面。

关于古代宴饮礼仪，座次的安排和餐桌上的仪礼是非常讲究的，有时显得相当严肃，甚至有的朝代皇帝还曾下诏整肃，不允许随便行事。例如，宋真宗曾下诏批评朝中筵宴仪容下端的现象。

关于待客礼仪，要格外注意菜肴与食器饮器的摆放、尊卑礼仪等，如明太祖朱元璋曾两度下令申明餐桌上的尊卑座次的排列礼仪。进食礼仪则更加丰富，自古与之相关的文献可谓数不胜数。例如，“食至起，上客起，让食不唾”“主人延客祭，祭食，祭所先进，肴之序，遍祭之”“三饭，主人延客食肉，然后辨肴，客不虚口”等。

第二节　中国酒文化

一、中国酒文化简介

酒文化在中华大地历史悠久、源远流长，古人时常纵情山水，并在游玩之余借酒抒情，留下千古名篇。可见，酒文化已经深入中华历史文化的“骨髓”，同时更是与旅游文化紧密交织的文化载体。

相传，6 000 多年前我国的古代劳动人民便已经开始酿酒，当时酒的种类与工艺并不纯熟，不过酒文化发展较快。“中国的酒文化在商周时期已发展到较高水平，中国人独创的酒曲复式发酵酿酒法已出现，且提出了发酵的阶段性理论，创立了被后世酿酒业奉为圣典的‘古遗六法’。”[①]“古遗六法”，指我国一种传统酿酒工艺，为酿酒文化的雏形。

夏朝至秦朝阶段，是我国传统酒文化的发展期。这一阶段开始有了火，出现了五谷六畜，同时酒曲得以发明，我国成为世界上最早用曲酿酒的国家。历代帝王也十分重视酒文化，如商纣王曾建“酒池肉林”以供享乐。这一时期饮酒者还具有明显的阶级限制，一般是上层统治者才具有饮酒的权利。

春秋战国至北宋年间，我国酒文化开始由初具雏形走向成熟：

第一，社会生产力极大提升，生产方式发生转变，有了用于酿酒的材料。

第二，出现了诸多酿酒法，如《齐民要术》《酒法》中都有关于酿酒技术的记载，这对于提升古代酿酒水平具有极大帮助。

第三，名酒开始出现。兰陵美酒、杜康酒等名酒的问世，极大提升了酒

① 龚鹏．旅游文化 [M]. 北京：北京理工大学出版社，2016:247.

在社会中的影响力。

第四，酒相关的文学作品争相问世。自魏晋时期直到唐宋，无数文人墨客都习惯将饮酒与作诗紧密相连，尤其著名文豪往往边饮酒，边作诗，创作出了许多千古名篇，这些佳作名篇中充满着酒文化，提升了酒文化在社会中的影响力与渗透力。

宋末至清末为我国酒文化完善期，这一时期我国已经掌握了大量不同工艺的酿酒技术，对于酒的研究也达到一定的高度。“其间西域的蒸馏器传入我国，从而促进了举世闻名的中国白酒的发明。”[①] 白酒的问世进一步丰富了我国传统酒文化。

随着时代发展，我国结束了封建王朝统治，进入当代社会。如今酒文化更是深入人心，已成为人们日常生活、交际应酬不可或缺的文化载体。酒的种类也琳琅满目。许多外来酒传入中国，西方酒包括伏特加冰酒、金酒、威士忌、白兰地、葡萄酒、鸡尾酒、啤酒等，这些新引入的酒类促进了我国酒业的发展与丰富。

二、中国酒俗

中国酒文化源远流长，但古代劳动人民无法解释醉酒行为，故时常认为酒是神圣之物。所以，如果需要饮酒，必须要放在特定场合，久而久之便形成了严格的要求。随着社会发展，古代对于饮酒者的阶级要求已经不复存在，但是酒文化已渗透人们生活的方方面面，形成了较为体系化、系统化的酒俗，如图 5-2 所示。

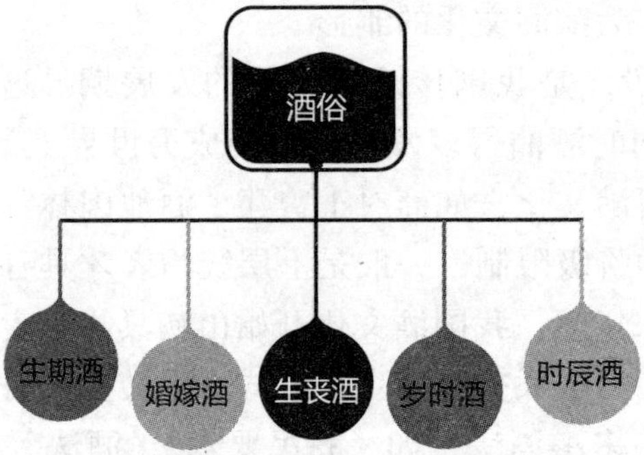

图 5-2　酒俗

① 龚鹏．旅游文化[M]．北京：北京理工大学出版社，2016:247.

（一）生期酒

生期酒，指长辈生日，其子女后代为其置办宴会酒席所用之酒。根据中华传统习俗，长辈为儿女的福分，长辈每长一岁，儿女的福分便多一分。在长辈生日时，人们要大摆宴席，邀请亲朋好友，共同为长辈庆祝。受到邀请的客人要携带祝寿礼品，甚至有些地方还会聘请民间艺人前来表演。例如，贵州省黔北地区习惯在酒席上邀请民间艺人一边唱一边向“老寿星”献上其制作的长生拐、长生扇、长生经、长生酒、长生草等物，献物既毕，要恭敬献酒一杯，“仙人”与寿星同饮。

（二）婚嫁酒

婚嫁酒，指女儿出嫁之时，作为陪嫁所用之酒，故名婚嫁酒。我国最为著名的产酒之地为浙江绍兴，这里素来具有丰厚的酒文化底蕴。由于擅长酿酒、注重酒文化，绍兴人认为在女儿出嫁这等大事上必然少不了酒。于是，他们在女儿出生之日起就开始酿酒，并把酿好的酒贮藏于地下，待到多年后女儿出嫁之日，再将酒取出，用于宴请宾客和作为陪嫁。后来，人们在生下男孩时也酿酒，并在器皿上涂上一抹红，寓意为“状元红”，饱含了长辈对于后代深厚的期许。

绍兴人在对待酒时十分细心，许多人不仅会在后代出生时酿酒，还会在贮藏酒的器皿上进行绘画和雕刻。他们往往在土坯时就塑出各种花卉、人物等图案，等烧制出窖后，再请画匠彩绘各种山水亭榭、飞禽走兽、仙鹤寿星、嫦娥奔月、八仙过海、龙凤呈祥等民间传说及戏曲故事。画面上方还有题词或装饰图案，可填入“花好月圆”等祝语，以寄寓对新婚夫妇的美好祝愿。

（三）生丧酒

生丧酒包括剃头酒、得周酒、寿酒、白事酒。

1. 剃头酒

新生儿待到满月之日要剃头，这包含着长辈对孩子的祝福之意。这时长辈要祭祀祖先，亲友要一个接一个地抱过小孩，然后一起喝剃头酒。要用酒轻轻点沾孩子头发，还要让孩子吮一点酒，希望孩子能够健康快乐成长，并在长大后能够有福分喝酒。

2. 得周酒

孩子长到一周岁，俗称“得周”，这时要大摆宴席。长辈们要轮流接过孩子，并尝试让孩子叫长辈，既热闹又有趣。

3. 寿酒

在中国传统文化中，每逢整数年岁便为寿，在绍兴有十分详细的寿酒文化。民谚曰："十岁做寿外婆家，廿岁做寿丈姆家，三十岁要做，四十岁要叉（开），五十自己做，六十儿孙做，七十、八十开贺。"

4. 白事酒

白事酒，也称"丧酒"。绍兴旧俗中，长寿仙逝为"白喜事"。绍兴人认为这时应当大摆宴席宴请亲友，菜肴以素斋为主，酒也称素酒。

（四）岁时酒

岁时酒包括散福酒、分岁酒、元宵酒、挂像酒。

1. 散福酒

散福酒，一般于春节前的腊月二十至三十之间举办（不得晚于立春）。民间传说，在腊月二十至三十之间，大家要抽一天一起祭祀祖先，聚在一起喝酒，以获得祝福。这一天大家都比较忙碌，各有要做的事，前半夜烧煮福礼，到拂晓之前摆好祭桌。次日凌晨开始祭神，家中男丁依辈分大小，逐个按次序向外跪拜行礼。拜毕便将纸元宝、烧纸一起焚化，并把原先横放的桌子改成直摆，调转福礼，拔下筷子，由外向里叩拜祭祖。祝福祭祀完毕后，全家人一起围坐喝酒。

2. 分岁酒

分岁酒，也叫作"守岁饭"，广泛流行于我国多个地区，指除夕之夜，家人围坐共进晚餐，一边品尝美食一边开怀畅饮。实际上，分岁酒与我们日常所说的年夜饭类似，只不过部分地区有着更多要求。例如，温州人又称分岁酒为"新岁酒"，一般在除夕之夜进行，一家人围坐吃喝，欢快异常。另外，在吃"分岁酒"时，不仅要在门上贴大红门联，而且要全家灯火通明，如有人远在外地，不能回家过年，则要让出一个席位，摆上筷子，斟满酒，以示对远地亲人的怀念。

3. 元宵酒

谈及元宵节，人们先想到的是吃元宵、猜灯谜，但是在传统文化中，元宵节还有元宵酒的习俗，这种习俗尤其流行于我国浙江一带。元宵节来临时，灯节、诗会等各种纪念活动依然吸引着人们的眼球，然而随着历史足音的远去，新时代里人们也有了自己的娱乐思维与方式，元宵酒已经逐渐离我们而去。

4. 挂像酒

在我国古代，每逢腊月二十，人们都要把祖先的神像“请出”，点上蜡烛，摆上供品，祭祀一番。待到来年正月十八，再将神像“请下”，这场喝酒活动便称为挂像酒。

（五）时辰酒

时辰酒，指在特定时辰所喝的酒，最具特色的莫过于浙江省平湖市附近的卯时酒。卯时，大致相当于破晓时分。当地有些人起床较早，不管刮风还是下雨，都习惯在这一时刻前往小酒馆，选上一些凉拼肉菜，如猪头肉、白斩鸡等，再点一些烧酒或黄酒，边饮边食，这便是时辰酒。

三、白酒与黄酒

中国酒文化底蕴深厚，从古至今一直焕发着光彩，无论是白酒还是黄酒，都有其独特的历史底蕴以及丰富的文化内涵。

（一）白酒

白酒，指以粮谷为原料，以大曲、小曲等作为发酵剂，经过一系列复杂工艺而制成的蒸馏酒。据文献记载，我国唐朝时期初次出现“蒸馏酒”之名，推测唐朝时期白酒在我国社会开始广泛流传，但是其初步产生，应当在唐朝初年甚至更早。白酒酒质无色透明，与白水相似，气味芳香，部分度数高的酒略有刺激性气味，入口绵柔，回味深长。

经过长期贮存与发酵的白酒往往更具风味，香气芬芳，令人心醉神往。白酒有香味，就有了香味的分类，相应就出现了香型。白酒酿造所采用的原料不同，有的是高粱，有的是大米；所选用的糖化发酵剂不同，有的是大麦和豌豆制成的中温大曲，有的是小麦制成的中温大曲或高温大曲，有的是大米制成的小曲、麸皮和各种不同微生物制成麸曲等；所使用的发酵容器设备不同，有的是陶缸、水泥池、砖池、箱，有的是泥池老窖等；所采取的酿造工艺不同，有的是清蒸清糙、续精混蒸、回沙发酵，有的是固态和液态发酵等；所处酿造环境的气候条件不同，有的干湿度高，有的干湿度低，有的气温高，有的气温低等。因此，酒的香型也各不相同。中国食品工业协会、中国质量检验协会、中国质量管理协会、中国食协白酒专业协会联合发布的通告中，将中国的白酒分为以下 7 种香型：酱香型、清香型、浓香型、米香型、凤香型、兼香型、其他香型。

1. 酱香型

酱香型白酒以高粱为原料，以小麦高温制成的高温大曲或纵曲和产酯酵母为糖化发酵制，采用高温堆积，一年一周期，二次投料，八次发酵，以酒养糟，七次高温烤酒，多次取酒，长期陈贮的酿造工艺酿制而成。酒质为无色或者微黄色，透明晶亮，酱香丰富，优雅细腻，空杯留香，经久不散，酒香持久，口味醇厚、丰满，回味悠长。

2. 清香型

清香型白酒以高粱等谷物为原料，以大麦和豌豆制成的中温大曲为糖化发酵剂（有的用麸曲和酵母为糖化发酵剂），采用清蒸清糟酿造工艺制作而成。酒质无色、清亮透明，清香纯汇，醇厚柔和，甘润绵软，自然协调，余味爽净，后味较长。

3. 浓香型

浓香型白酒以高粱、大米等谷物为原料，以大麦和豌豆或小麦制成的中、高温大曲为糖化发酵剂（有的用麸曲和产酯酵母为糖化发酵剂），采用混蒸续馇、酒糟配料、老窖发酵、缓火蒸馏、贮存、勾兑等酿造工艺酿造而成。酒质为无色或微黄色，清亮透明，甜绵爽净，纯正协调，余味悠长。

4. 米香型

米香型白酒以大米为主要原料，以大米制成的小曲为糖化发酵剂，不加辅料，采用微生物发酵、液态蒸馏与超滤膜技术取酒贮存的工艺酿制而成。酒质特点琥珀色，蜜香清雅，入口绵甜，落口爽净，回味怡畅，具有令人愉悦的药香。

5. 凤香型

凤香型白酒以高粱为原料，以大麦和豌豆制成的中温大曲或麸曲和酵母为糖化发酵剂，采用续馇配料、土窖发酵等酿造工艺酿制而成。酒质无色，清澈透明，醇香秀雅，甘润挺爽，诸味谐调。

6. 兼香型

兼香型白酒也被称为混合型白酒，具有多种香型的特点，可满足消费者全方位饮酒舒适度的需要。

7. 其他香型

其他香型白酒是采用独特酿制工艺，与上述香型有所不同的白酒类型。因为这种香型的酒品繁多，没有特定要求，只规定有共性要求，如酒质要无色，或微黄、透明，有舒适的独特香气，香味协调，醇和味长等。

（二）黄酒

黄酒是我国历史最为悠久、最为古老的传统酒类之一，比白酒早出现两三千年，相传大约在商周时期，我国已经开始广泛制造黄酒。商朝时期，勤劳的中国人创立了酒曲复式发酵法，并运用该法大量酿制黄酒。在北方，人们经常用粟作为酿制黄酒的主要原料；在南方，人们则用稻米作为酿制黄酒的原料。黄酒虽然产生较早，但是其酿造工艺却十分考究，代表了我国古代酿造业的较高水平。

1. 黄酒的制造工艺

黄酒的制作过程一般包含四个环节，第一环节为泡米，第二环节为蒸饭，第三环节为前期发酵，第四环节为压榨。如图 5-3 所示。

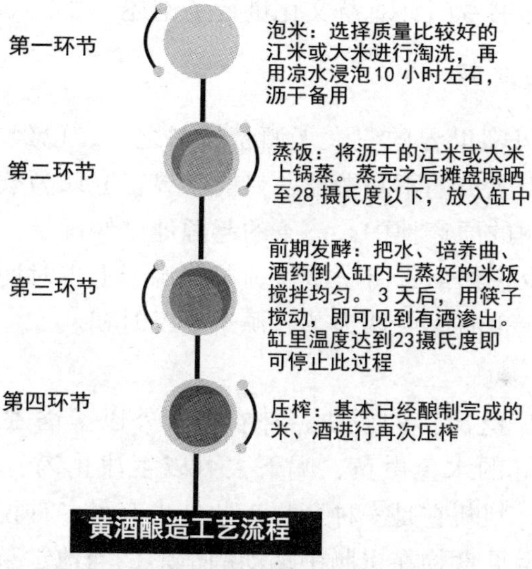

图 5-3　黄酒酿造工艺流程

2. 黄酒的类别

经过几千年的发展，目前黄酒的品类多样，琳琅满目，丰富多彩，代表了不同地区酿酒工艺的特性。

根据黄酒含糖量的高低，可以将其分为干黄酒、半干黄酒、半甜黄酒、甜黄酒四种。干黄酒中的含糖量较低，口感醇厚、鲜爽清香；半干黄酒中的糖分还未完全发酵成酒精，留存了部分糖分，在生产上该类酒加水量较低，相当于在配料时只增加了饭量，所以也被称为“加饭酒”；半甜黄酒的糖分较高，口感鲜甜；甜黄酒一般采用淋饭操作法，拌入酒药，搭窝先酿成甜酒酿，当糖化至一定程度时，加入 40% ～ 50% 浓度的米白酒或糟烧酒，以抑制微生物的糖化发酵作用，口味鲜甜且醇厚。

第三节　中国茶文化

一、中国茶文化简介

茶文化，是中国传统文化的重要组成部分，它既属于我国饮食文化的下辖概念，又是一个单独存在的概念。因为茶文化内容十分广泛，涉及社会中诸多领域，所以本书专门针对茶文化进行了论述。

（一）茶的起源

茶是目前风靡世界的三大无酒精饮料之一，已经在世界上诸多国家广泛流行。随着研究人员的不断考证，目前学界普遍认为茶起源于中国，中国的云贵川等地为茶树的原产地中心。茶的起源地已经确定，但是茶与茶文化到底起源于何时则是众说纷纭，有学者认为茶起源于上古时期的神农氏，有学者认为茶起源于周朝，也有学者认为茶起源于秦汉时期。

1. 神农说

根据民间广泛流传的说法，神农在野外以釜锅煮水时，刚好有几片叶子飘进锅中，煮好的水色微黄，喝下去可以生津止渴、提神醒脑，神农以过去尝百草的经验，判断它是一种药材。此外也有另一种说法，即神农有个水晶肚子，由外观可得见食物在胃肠中蠕动的情形，当他尝茶时，发现茶在肚内到处流动，查来查去，把肠胃洗涤得干干净净，因此神农称这种植物为“查”，再转成“茶”字，而成为茶的起源。可以看出，神农说具有一定的神话色彩。

2. 西周说

根据《华阳国志·巴志》载：“周武王伐纣，实得巴蜀之师……茶、蜜……皆纳贡之。”这表明，茶早在周朝就已经出现。

3. 秦汉说

西汉时期王褒所著《僮约》中有“烹茶尽具”“武阳买茶”等词句，这表明西汉甚至更早已经出现了武阳这样的茶叶市场。

总之，关于茶起源的时间众说纷纭、莫衷一是，中国作为茶叶的原产地，茶文化历史悠久、博大精深，已成为后世的宝贵文化财富。

（二）茶文化的基本内涵

茶文化包含丰富的内涵，不仅包含茶叶自身，更包含茶文化相关的一系列物质性、精神性、习俗性等文化集合。

第一，茶文化包含与茶相关的各种物质。例如，古代饮茶相关的各种器具、各种茶书、茶叶的种植和加工过程，以及由茶叶作为原材料而制成的各种其他产物等。

第二，茶文化包含与茶相关的各种心态。例如，茶道、茶禅，以茶育人、以茶养德，等等。

第三，茶文化包含与茶相关的各种行为。例如，茶礼仪、茶习俗、茶祭等。

总之，茶文化无所不包、无所不有，基本涵盖了人类社会的方方面面，其社会性已经超出其本身的价值与意义。“如今，茶已成为中国民众的举国之饮。茶的发现和利用，不但推进了中国的文明进程，而且极大地丰富了全世界的物质和精神生活。”①

（三）茶文化的基本特征

茶文化属于传统文化的范畴，除了具备文化的基本特性之外，更具有其自身的特征。

1.历史性

茶文化起源较早，根据考古学家推测，我国的茶文化大致已经有 4 700 多年的历史，随着时代发展与民族融合，其影响力不断扩大。如今，茶文化渗透在我国社会的各个领域。例如，许多产品都包含茶文化的缩影，有茶文化器具、茶文化生肖礼盒、茶文化服饰等。这些茶文化在各种精神或物质层面的反映，从来都是继承性的，即继承了茶相关的历史文化。可见，茶文化是一个不断积累、不断沉淀的历史性过程。

2.时代性

自 4 000 多年前茶文化初步产生，我国茶文化的发展从未间断，在不同的时代、不同的社会状况之下，茶文化则具有不同的内涵，而人们看待茶文化的态度与眼光也有所不同。起初，人们只是认为茶可以作为一种饮品，是饮水之

① 周圣弘，罗爱华．简明中国茶文化[M]．武汉：华中科技大学出版社，2017:1.

余的一种“调剂”。随着社会进步，茶逐渐成为礼仪和文化的载体，尤其在古代的统治阶层和士大夫阶层广泛传开。如今，茶文化的内涵更加深厚，并且在一定程度上有利于我国社会主义文化领域的构建，可见茶文化具有时代性，在不同的时代，被赋予了不同的内涵，具有不同的意义与价值。

3. 多样性

茶虽然最早起源于中国，但世界上的茶树产地却并非只存在于此，在其他国家也可得见。另外，由于我国唐朝时期综合实力十分强盛，文化输出活动中也包含了茶文化的传播，如鉴真东渡曾将茶种与相关文化传往日本等国。在不同国度、不同历史条件、不同社会环境中，茶文化自然有所区别，这便形成了茶文化的多样性。

4. 民族性

世界上民族众多，各民族都有其独特的文化底蕴。他们在历史发展进程中形成了各自的茶礼、茶艺等文化，以民族茶饮方式作为基础，经过艺术加工，更具有生活性与文化性，从而表现出了饮茶文化的多元民族性。例如，“蒙古族的咸奶茶、维吾尔族的香茶、苗族的八宝油茶，主要追求的是以茶作食和茶食相融；土家族的擂茶、纳西族的‘龙虎斗’，主要追求的是强身健体和以茶养生；白族的三道茶、苗族的三宴茶，主要追求的是借茶喻世和处世哲学……”①。另外，我国的佤族、纳西族等诸多民族也都十分喜欢品茶，具有比较丰富的茶文化。

二、中国茶礼

中国自古就被称为礼仪之邦，与我们生活息息相关的各种活动中都包含着深刻的礼仪与规范。时至今日，在每一个中国人的心中，礼仪二字仍然具有举足轻重的地位。例如，中国人认为家人一起吃饭需要遵循长幼次序，长辈未动筷晚辈不可先夹菜；认为人与人见面打招呼要讲究礼仪，不可“嘿”“哎”等。而关于茶，自然更有深厚悠久的礼仪文化。

（一）泡茶前

1. 手部

在泡茶之前，泡茶者要先洗净双手，因为在泡茶时，品茶者的目光会随着泡茶者的双手而移动，假如泡茶者手上存有污垢，则为对品茶者极大的不尊

① 周圣弘，罗爱华．简明中国茶文化[M]．武汉：华中科技大学出版社，2017:4.

重。所以，泡茶者需做好清洁工作，绝不能让双手存有任何异味和异物。女性泡茶者也不可留过长的指甲或者涂抹指甲油，这同样不符合规范。

2. 服饰

泡茶者要衣着整洁干净，不可穿奇装异服，以及妨碍泡茶动作的服装。泡茶者不可衣着裸露，即使在炎炎夏日也应当保证服装的大方严谨。

3. 妆容

泡茶者要注意自己的妆容，简约永远是茶文化及其表演的主题，可以化淡妆，但千万不可浓妆艳抹，更不可使用气味过重的化妆品与香水。另外，头发需要绑好，以防止泡茶过程中头发散落开而影响泡茶流程。

4. 茶具

在泡茶之前，要仔细清洗茶具，确保茶具上没有任何污垢与气味，并向品茶者展示。

（二）泡茶中

泡茶过程中的礼仪体现在动作、神态等方面。

1. 基本动作

行走时，步态要轻盈，但不可左右摇晃。身体要放松，不可耸肩或含胸驼背。站立时，要挺拔端正，挺拔的站姿会将一种优美高雅、大方庄重的感觉和形象展现给他人，从而体现出对于他人的尊重。坐下时，要沉稳优雅，上身保持正直，不可抖腿。

2. 面部神态

泡茶时，神态要自然放松，面露微笑，不可大笑。眼神可以与品茶者接触，但是接触时间不要过长，之后视线略微下移，以示尊重。

3. 泡茶规范

（1）泡茶时，要保持端庄优雅大方的姿势，切忌左右摇晃。

（2）不可用壶嘴朝向客人，不可直接用水触碰茶叶。

（3）在泡茶时，要保持专注，不可一边说话一边泡茶，否则很可能会因为分神导致茶水洒出。

（4）泡茶节奏要适中，不可过快也不可过慢，要体现出茶艺的美感，做到神情、心性、技艺三者的统一。

（三）品茶中

主要的品茶礼仪包括伸掌礼、寓意礼、鞠躬礼、叩手礼。

1. 伸掌礼

伸掌礼是品茶时使用频率最高的一种礼节，其寓意为“谢谢”“请”，是主宾均可使用的礼节。当主人请人喝茶时可以用伸掌礼表示“请”，客人喝茶时也可以回以伸掌礼，表示“谢谢”。“在行伸掌礼的时候，行礼人需要四指并拢，虎口分开，手掌略向内凹，并同时欠身微笑。”①

2. 寓意礼

寓意礼，指代表着美好寓意，包含一些祝福的礼仪，最为多见的便是“凤凰三点头”。“凤凰三点头”就是茶艺师在泡茶倒水时，要用手提着水壶重复高冲低斟三次，这种泡茶方式表达了对于客人到来的欢迎。

3. 鞠躬礼

鞠躬礼，“它主要出现在茶艺表演开始前的迎宾及开始和结束之时”②。这一礼仪体现出了茶艺表演者对来宾的尊重与欢迎。当然，受礼者也应当同时还以鞠躬礼。

4. 叩手礼

所谓叩手礼，就是用手指指节叩击桌面的礼仪。

总之，茶文化博大精深，其蕴含的礼仪更是传统文化中的精华。了解茶礼有助于我们更好地了解传统文化，更好地感受古老历史时代新韵。

三、六大茶类

中国是茶文化的发源地，茶文化这棵“大树”在华夏大地“生根发芽”，并随着时代发展“繁荣茂盛”。我国的茶叶种类可以说是世界之最，根据主流的划分方式，我国目前具有六大基本茶类，分别为绿茶、黄茶、白茶、青茶、红茶、黑茶，如图 5-4 所示。

（一）绿茶

绿茶是我国产量最大、细分种类最多的茶类。根据绿茶杀青方式的差异，大致可将其分为四类，分别为炒青绿茶、烘青绿茶、晒青绿茶、蒸青绿茶。

1. 炒青绿茶

炒青绿茶是运用炒干方式加工生产而成的成品绿茶，其条索紧结光润，汤色、叶底碧绿，香气鲜明，滋味浓厚、回味醇香，富有收敛性，耐冲泡。

① 张景．中国茶文化 [M]. 天津：天津科学技术出版社 ,2018:79.

② 张景．中国茶文化 [M]. 天津：天津科学技术出版社 ,2018:79.

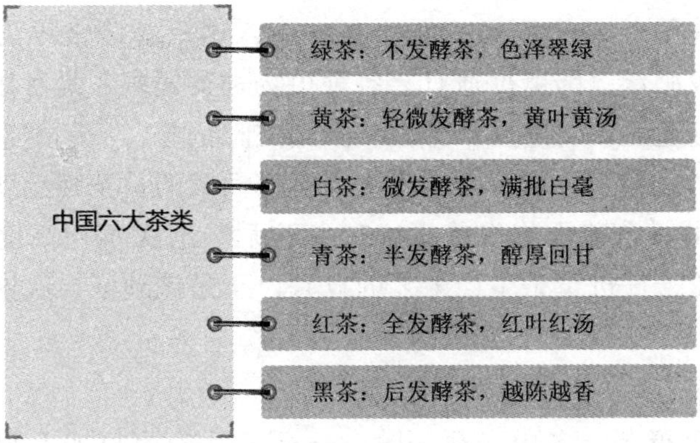

图 5-4　中国六大茶类

2. 烘青绿茶

烘青绿茶多数用于熏制各种花茶，也被称为茶坯，其外形较为完整，略微弯曲，汤色、叶底绿中透黄，略带有亮色。烘青绿茶清香气味十足，饮后回甘，但是不耐冲。该茶种在我国产区比较庞大，主要包括安徽、浙江、福建三省，此外其他省份也有少量烘青绿茶的生产。

3. 晒青绿茶

晒青绿茶是制紧压茶的原料，普遍用日光晒干而制成。晒青绿茶主要分布于我国湖南、湖北、广东、广西等地，分布较广、种类较多，最主要的晒青绿茶有滇青、黔青、川青、粤青、桂青、湘青、陕青、豫青等。

4. 蒸青绿茶

蒸青绿茶是利用蒸汽杀青制成的绿茶。蒸青绿茶最大的特点就是保留了茶叶本身的原汁原味，保留了大量叶绿素、蛋白质、氨基酸、矿物质等，汤色鲜嫩碧绿，回味清爽醇正，有些蒸青绿茶略带有绿豆香。

（二）黄茶

黄茶，属于轻发酵茶，口感比较清爽，略微回甘，加工方式与绿茶相似，不过额外增加了“闷黄”工艺。黄茶历史悠久，同时具有不同的种类，包括黄芽茶、黄小茶、黄大茶，这三种黄茶各具特色，又具有黄茶本身的主要特征，即黄汤黄叶、轻微发酵。

1. 黄芽茶

黄芽茶，主要生长于安徽省霍山县一带，这一地区常年雨量充沛，湿度较大，土质比较肥沃，酸碱度适宜，各种植物种类繁多，具有比较丰富完整的生态环境，十分适宜茶树的生长种植。根据文献记载，清朝时期这一带曾为御用茶地，每逢特定时期，均有专人将生产制作而成的黄茶献给朝廷。后来由于种种原因，霍山黄茶曾面临失传，1971年之后，有关部门高度重视黄茶，大力支持黄茶产业，促进黄茶生产工艺的复兴，于是该地区再次恢复黄茶的研制与生产。

2. 黄小茶

黄小茶属于黄茶，多由一芽一叶、一芽二叶为原料加工制成。黄小茶芽叶细嫩，冲泡后汤底为黄色并微微泛绿，具有比较浓郁的清香气味，口感十分鲜醇。在古代，黄小茶常被用作皇室的专用黄茶，具有十分明显的养生保健之功效。

3. 黄大茶

黄大茶，最早生产于明朝，距今已有400余年的历史，经过漫长的演变，其具有悠久的历史文化底蕴以及成熟的制作工艺。

黄大茶外形梗壮叶肥，色泽较深，略显褐色。口感浓香醇厚，具有适当的焦香之味，回味无穷。其制作工艺比一般的黄茶更加复杂，不仅需要炒茶、烘干，还要进行再度烘焙，从而增添其焦香味。

（三）白茶

白茶为茶中珍品，属于微发酵茶，由于成茶外观披白毫，为白色，故名白茶。白茶的制作工艺与其他茶叶不同，其不经过杀青或揉捻，只是经过晾晒或干燥即可。

白茶整体披满白毫，外形独特，冲泡后汤色为浅黄或浅绿，较为清澈，甚至略带透明，给人以清香之感。初入口时口感较为清淡，略微带有绿茶的清香味，之后会有明显的回甘，口味独特。白茶的主要产区在福建福鼎、政和、柘荣、松溪、建阳、云南景谷等地。白茶除了具有醇厚甘甜的口感，还具有极高的药用价值，具有解酒醒酒、清热润肺、消炎解毒、延缓衰老、消除疲劳等作用。在品尝时，首先要观其色，茶叶越饱满、越白化，品质越高；其次要闻其香，嫩香浓郁和持久为佳；再次要赏其状，茶叶泡开后越舒展、越透明，则其品质越优；最后要仔细品饮，待茶汤凉至可入口时，细细品味，滋味鲜爽，唇齿留香，才能最全面体味白茶的滋味。

（四）青茶（乌龙茶）

青茶，是经过杀青、萎凋、摇青、发酵、烘焙等工序后制出的品质优异的茶类，由宋代贡茶龙团、凤饼演变而来，创制于1725年（清雍正年间）前后。青茶一般产于我国的福建省、广东省、台湾省。青茶综合了绿茶和红茶的制法，其品质介于绿茶和红茶之间，既有红茶浓鲜味，又有绿茶清芬香，具有“绿叶红镶边”的美誉。品尝后齿颊留香，回味甘鲜。但是它既不归于绿茶类也不归于红茶类，哪怕它和绿茶来自同一种茶树之上。

青茶营养价值丰富，具有一定的保健功效，其中含有茶多酚、蛋白质、维生素、有机酸、脂多糖等物质，对于预防蛀牙、预防老化、机体排毒具有明显效用。同时，青茶对于分解脂肪、减肥瘦身也具有一定的效果。海外诸国对于青茶也颇为喜爱，尤以日本为甚，日本引进青茶后称其为“健美茶”“美容茶”。

（五）红茶

红茶包含工夫红茶、小种红茶、红碎茶，虽然红茶也具有不同种类，但是其冲泡之后颜色差异不大，均为红汤。红茶属于全发酵茶，入口具有比较浓重的焦香味，可给人带来一种甜醇舒畅之感。

红茶起源于明朝时期，随着海运产业不断发展，在17世纪流入欧洲，尤其受到英国王室的喜爱。18世纪，英国人对中国的红茶进行改良，并着重升级种植技术，于今天的印度与斯里兰卡地区广泛种植红茶。时至今日，红茶已经成为全球性的饮品，中西各国均有大量的红茶爱好者，红茶的销量占据全球产业销量的70%。

经过几百年的发展，并在众多爱茶人士的追捧和研究下，我国发展出了十分深厚的红茶文化。品味红茶必须要有茶具，如人们喜欢用紫砂壶来冲泡红茶，紫砂壶具有极高的艺术美感，同时其材质能够很好地锁住红茶的香气，给人以醇厚美好的品饮享受。受中国茶具的影响，英国也创造出一种名为“骨瓷”的红茶茶具。如今，在欧洲中西部的部分国家，如德国、意大利等，都习惯运用特定的茶具品饮红茶，这都是基于中国的红茶文化发展而来。

（六）黑茶

黑茶，因其外观为黑色而得名，属于后发酵茶，为我国六大茶类之一，主要分布于我国的广西、四川、云南等省份。黑茶历史悠久，在历史文献中“黑茶”二字最早见于《甘肃通志》中“以商茶低伪，征悉黑茶”。之后，“黑茶”二字便愈发多见。

黑茶香气高锐持久，带有云南大叶茶种特性的独特香型，滋味浓烈，富有刺激性。黑茶耐润，经五六次冲泡仍持有香味，汤橙黄浓厚，芽壮叶厚，叶色黄绿间有红斑红茎叶，条形粗壮结实，白毫密布。在古代，黑茶常作为药引，具有降血脂、降胆固醇、减肥瘦身、醒酒解毒等功效。

以上便是我国的六类主要茶叶类别，事实上，如果将这些茶叶品种进行更为细致的划分，还能再分成1 000多种，这些林林总总的茶叶无不体现着我国历史悠久的茶文化。

第四节　中国八大菜系

中国饮食文化的菜系，是指在一定区域内，由于气候、地形、历史、物产及饮食风俗的不同，经过漫长历史演变而形成的一整套自成体系的烹饪技艺和风味，并被全国各地所承认的地方菜肴。主要分为八大菜系，现分别论述。

一、川菜

川菜，是中国最有特色的菜系，也是民间最大菜系。

（一）川菜简介

川菜起源于春秋战国时的蜀国，秦汉时期初现端倪，汉晋时期古典川菜成型，以“尚滋味”“好辛香”为特点。唐宋时期的古典川菜进一步发展，古典川菜出川，“川食店”遍及都城开封和临安，以其“物无定味，适口者珍”的风味特色而受到众多食客青睐，川菜作为一个独立的菜系在两宋时期形成。明清时期，川菜进一步发展，直至民国时期，由于明清时期辣椒的传入，近代川菜最终形成“一菜一格，百菜百味”“清鲜醇浓，麻辣辛香”的特点。川菜的味道极其丰富，号称“百菜百味”。其中，最为著名的当数鱼香、麻辣、辣子、陈皮、椒麻、怪味、酸辣诸味。

（二）川菜的特点

川菜的特点为麻、辣、鲜、香、油大、味厚、重用三椒，通过对这些味道的巧妙运用，人们就能够调配出多种味道。主要的复合型味道有20多种，包括咸鲜味型、家常味型、麻辣味型、糊辣味型、鱼香味型、姜汁味型、怪味味型、椒麻味型、酸辣味型、红油味型、蒜泥味型、麻酱味型、酱香味型、烟香味型、荔枝味型、五香味型、香糟味型、糖醋味型、甜香味型、陈皮味型、芥末味型、咸甜味型、椒盐味型、糊辣荔枝味型、茄汁味型等。

二、鲁菜

鲁菜，是我国传统菜系中的自发型菜系，历史十分悠久，十分考验厨师的手艺。

（一）鲁菜简介

齐鲁大地是华夏大地的重要文化发祥地，早在2 000多年前，这里就已经有了比较丰富的饮食文化。后来，北魏时期的著作《齐民要术》总结了今山东一带的饮食文化，包括“蒸、煮、烤、酿、煎、炒、熬、烹、炸、腊、盐、豉、醋、酱、酒、蜜、椒”等烹饪技法。

（二）鲁菜的特点

鲁菜的特点为咸、鲜，讲究以盐提鲜，以汤壮鲜，调味讲求咸鲜纯正，突出本味。同时，鲁菜的突出烹调方法为爆、扒、拔丝，尤其是爆、扒素来为世人所称道。爆，分为油爆、酱爆、芫爆、葱爆、汤爆、火爆等。另外，山东自古民风朴实淳厚，加之受到儒家文化的影响，所以当地的饮食文化有着十分丰富的礼仪。

三、粤菜

粤菜，即广东菜。粤菜涵盖的菜品极广，从广义上来说，还包含潮州菜（潮汕菜）、东江菜（客家菜）。

（一）粤菜简介

粤菜历史悠久，虽流行于广东地区，但是却源自中原，其起源可以追溯至2 000多年前的汉朝时期，到了晚清时期已渐成熟。广东客家菜主要流行在梅州、惠州、河源、韶关、深圳等地，范围包括梅江、东江和北江流域。客家菜可细分为“山系”“水系”“散客菜”。梅州是客家菜之乡，而客家菜以东江菜为代表，菜品多用肉类，极少水产，主料突出，讲究香浓，下油重，味偏咸，以砂锅菜见长，乡土气息浓郁。随着历史变迁和朝代更替，中原移民不断南迁，带来了“食不厌精，烩不厌细”的中原饮食风格。如今，广东菜品博采众长、烹调考究，已成为极具代表性的饮食文化。

（二）粤菜的特点

粤菜用量精而细，配料多而巧，装饰美而艳，而且善于在模仿中创新，品种繁多。粤菜注重质和味，口味比较清淡，而且随季节时令的变化而变化，夏秋偏重清淡，冬春偏重浓郁，追求色、香、味、型。另外，粤菜用料十分广泛，不仅主料丰富，配料和调料亦十分丰富。为了显出主料的风味，粤菜选择配料和调料十分讲究，配料不会杂，调料是为了调出主料的原味，两者均以清新为本。

四、苏菜

苏菜，即江苏菜的简称，与浙菜具有一些相似之处，也与浙菜合称为江浙菜系。

（一）苏菜简介

苏菜起始于南北朝，唐宋时经济发展迅速，推动了饮食业的繁荣，苏菜成为“南食”两大台柱之一。苏菜擅长炖、焖、蒸、炒，重视调汤，保持原汁，风味清鲜，浓而不腻，淡而不薄，酥松脱骨而不失其形，滑嫩爽脆而不失其味。苏菜主要由金陵菜、淮扬菜、苏锡菜、徐海菜等地方菜组成，著名的菜品有金陵烤鸭、老鸭汤、炖生敲、鸭包鱼翅、水晶肴蹄、松鼠鳜鱼、西瓜鸡、盐水鸭、清炖甲鱼、鸡汁煮干丝等。

（二）苏菜的特点

苏菜的特点为用料广泛、刀工精细、追求本味。苏菜的用料一般为江浙附近江河湖海中的海鲜，对海鲜的鲜活度有很高的要求；常将食材切成丝状或薄片为要求，以更好地入味，也便于咀嚼；烹饪方式多为炖、焖、煨、焐等，这样能够更好地呈现出食材本身的鲜味。总之，苏菜风味比较清淡鲜香，淡而不薄。

五、闽菜

闽菜，是发源于福州，以福州菜为基础，后又融合闽东、闽南、闽西、闽北、莆仙五地风味菜形成的菜系。

（一）闽菜简介

闽菜具有狭义与广义的区分，狭义的闽菜单指福州菜，广义的闽菜包含福州、闽南、闽西等地的菜系。

由于福建人民经常往来于海上，于是饮食习俗也逐渐形成带有开放特色的一种独特的菜系。闽菜以烹制山珍海味而著称，在色香味形俱佳的基础上，尤以“香”“味”见长，其清鲜、和醇、荤香、不腻的风格特色，以及汤路广泛的特点，在烹坛园地中独具一席。

福州菜淡爽清鲜，讲究以汤提鲜，擅长各类山珍海味；闽南菜讲究佐料调味，重鲜香；闽西菜偏重咸辣，烹制多为山珍，特显山区风味。

（二）闽菜的特点

闽菜的特点为刀工精妙、火候适宜、滋补清鲜、擅长汤菜。

闽菜注重刀工成型和菜肴口味之前的协调性，无论采用哪种刀法，都要保证原料完成之后的定型性，兼备美味与美观。闽菜火候精确，同时讲究盛放的器皿，不同的菜品需要使用不同的容器，从而为菜品增色。另外，闽菜善用汤调味，精选各种主料和辅料加以调制，从而形成了不同的风味。闽菜有些汤比较清淡，有些汤比较浓郁，又有“一汤十变”的说法。

六、浙菜

浙菜，即浙江菜，浙菜富有江南特色，历史悠久，源远流长，是中国著名的地方菜种。

（一）浙菜简介

浙菜起源于新石器时代的河姆渡文化，经越国先民的开拓积累，汉唐时期的成熟定型，宋元时期的繁荣和明清时期的发展，浙江菜的基本风格已经形成。

浙菜主要由以杭州、宁波、绍兴、温州为代表的四个地方流派共同组成，其中杭州菜最负盛名。杭州菜制作精细、善于变化，著名菜品有东坡肉、西湖醋鱼、龙井虾仁等。宁波菜以海鲜居多，烹饪技法多为清蒸或炖煮，口味鲜咸合一，著名菜品有宁波雪菜、大汤黄鱼、锅烧鳗鱼等。绍兴菜以淡水鱼虾河鲜及家禽、豆类为烹调主料，具有极其浓郁的江南水乡风味，著名菜品有干菜焖肉等。温州菜多以海鲜为原材料，轻油、轻芡、重刀工，著名菜品有三丝敲鱼、爆墨鱼花等。

（二）浙菜的特点

浙菜的特点为选材苛刻、口味多变、清鲜脆嫩。

浙江四季物产丰富，原料众多，菜肴讲究。一要精细，取用物料的精华部分，使菜品达到高雅上乘；二用物产，使菜品具有明显的地方特色；三讲鲜活，使菜品保持味道纯正。同时，浙菜因料施技，口味多变。其中，炒菜以滑炒为主，力求快速烹制，恰到好处。另外，受到江浙地区饮食风俗与传统的影响，浙菜口味上要求清鲜脆嫩，突出主料的本味。

七、徽菜

徽菜，即安徽菜，是由皖南、沿江、沿淮三种地方风味所构成，以皖南菜为代表，以烹制山珍野味著称的著名菜系。

（一）徽菜简介

徽菜起源于南宋时期的古徽州，原是徽州山区的地方风味，在漫长的岁月里，经过历代名厨的辛勤创造、兼收并蓄、继承发展，徽菜已逐渐从徽州地区的山乡风味中脱颖而出。如今，徽菜已集中了安徽各地的风味特色、名馔佳肴，逐步形成了一个雅俗共赏、南北咸宜、独具一格、自成一体的著名菜系。

徽菜历史上有五六百个品种，经过挑选巩固和创新，如今确定的有 3 000 多个新老品种。最有代表性的菜肴有腌鲜鳜鱼、问政山笋、徽州毛豆腐、徽州蒸鸡、胡氏一品锅、无为熏鸭、毛峰熏白鱼等。

（二）徽菜的特点

徽菜擅长烧、炖、蒸，而爆、炒菜少，重油、重色、重火功。徽菜继承了祖国医食同源的传统，讲究食补。徽菜中红烧是一大类，而红烧的“红”，表现为糖色，对火功要求苛刻。炒菜用油是自种自榨的菜籽油，并使用大量木材作燃料，有炭火的温炖，有柴禾的急烧，有树块的缓烧，是比较讲究的。

八、湘菜

湘菜，又名湖南菜，是我国八大菜系之一，早在汉朝时期便已形成，经过多年发展，体系已经十分庞大。

（一）湘菜简介

湘菜由湘西流域、洞庭湖地区和湘西山区的菜肴经过融合与发展而成，制作精细、用料广泛、种类多样，在口味上比较注重香酥、酸辣、软嫩。

官府湘菜代表菜品以组庵湘菜为代表，如组庵豆腐、组庵鱼翅等；民间湘菜代表菜品有辣椒炒肉、剁椒鱼头、湘西外婆菜、吉首酸肉、牛肉粉、衡阳鱼粉、栖凤渡鱼粉、东安鸡、金鱼戏莲、永州血鸭、九嶷山兔、宁远酿豆腐、腊味合蒸、姊妹团子、宁乡口味蛇、岳阳姜辣蛇等。

（二）湘菜的特点

湘菜历来重视原料互相搭配，滋味互相渗透，调味尤重酸辣。因地理位置的关系，湖南气候温和湿润，故人们多喜食辣椒，用以提神去湿。用酸泡菜作调料，佐以辣椒烹制出来的菜肴，开胃爽口，深受青睐，成为独具特色的地方饮食习俗。同时，爆炒也是湖南人做菜的拿手好戏。

另外，湘菜烹调技法多种多样，在热烹、冷制、甜调三大烹调技法中，每类技法少则几种，多则数十种。与其他地方菜系相比，湘菜煨的功夫可谓更胜一筹，可以说已经达到炉火纯青的地步。煨，在色泽变化上可分为红煨、白煨，在调味方面可分为清汤煨、浓汤煨和奶汤煨。小火慢炖，可保证做出来的菜肴原汁原味。用煨的方法做出来的菜肴，有的晶莹醇厚，有的汁纯滋养，有的酥烂鲜香，都是湘菜中的名馔佳品。

参考文献

专著：

[1] 陈艳珍，张新凤，赵德辉 . 旅游文化 [M]. 北京：北京理工大学出版社 ,2017.

[2] 龚鹏 . 旅游文化 [M]. 北京：北京理工大学出版社 ,2016.

[3] 周毅，刘洋 . 旅游文化 [M]. 北京：中国人民大学出版社 ,2016.

[4] 范高明 . 旅游文化 [M]. 厦门：厦门大学出版社 ,2015.

[5] 陈犒，孙英杰 . 旅游文化 [M]. 北京：北京理工大学出版社 ,2016.

[6] 程庆 . 旅游文化 [M]. 桂林：广西师范大学出版社 ,2014.

[7] 周春林 . 旅游文化 [M]. 南京：南京师范大学出版社 ,2013.

[8] 朱晓晴 . 中国旅游文化 [M]. 西安：西北大学出版社 ,2019.

[9] 黄丽 . 中国旅游文化 [M]. 武汉：华中科技大学出版社 ,2018.

[10] 苏晓华，孙超，孙志春 . 建筑文化与职业素养 [M]. 北京：北京理工大学出版社 ,2018.

[11] 高明磊 . 中国当代公共建筑：文化、体育建筑 [M]. 南昌：江西科学技术出版社 ,2019.

[12] 顾孟潮 . 建筑与文化漫笔 [M]. 上海：同济大学出版社 ,2016.

[13] 单霁翔 . 建筑文化遗产保护 [M]. 天津：天津大学出版社 ,2015.

[14] 李耀辉，董建辉，杨云峰，等 . 建筑文化概论 [M]. 西安：西北大学出版社 ,2015.

[15] 倪琪 . 园林文化 [M]. 北京：中国经济出版社 ,2013.

[16] 居阅时 . 江南建筑与园林文化 [M]. 上海：上海人民出版社 ,2019.

[17] 魏胜林 . 园林文化遗产保护——以苏州园林古树名木保护为例 [M]. 苏州：苏州大学出版社 ,2016.

[18] 刘佳 . 风景园林文化研究 [M]. 北京：光明日报出版社 ,2017.

[19] 柯律格 . 蕴秀之域——中国明代园林文化 [M]. 开封：河南大学出版社 ,2019.

[20] 吴春美 . 中国旅游地理 [M]. 北京：旅游教育出版社 ,2017.

[21] 尹华光，邵小慧，欧阳莉，等 . 旅游文化学导论 [M]. 长沙：湖南大学出版社 ,2018.

[22] 曹诗图 . 旅游文化与审美 (第 4 版)[M]. 武汉 : 武汉大学出版社 ,2017.
[23] 贺正柏 . 中国饮食文化 [M]. 北京 : 旅游教育出版社 ,2017.
[24] 李明晨 , 宫润华 . 中国饮食文化 [M]. 武汉 : 华中科技大学出版社 ,2019.
[25] 杜莉 , 姚辉 . 中国饮食文化 [M]. 北京 : 旅游教育出版社 ,2013.
[26] 叶昌建 . 中国饮食文化 [M]. 北京 : 北京理工大学出版社 ,2011.
[27] 留明 . 中国饮食文化与艺术文化 (上)[M]. 呼和浩特 : 远方出版社 ,2004.
[28] 留明 . 中国饮食文化与艺术文化 (下)[M]. 呼和浩特 : 远方出版社 ,2004.
[29] 徐日辉 . 中国饮食文化史 (西北地区卷)[M]. 北京 : 中国轻工业出版社 ,2013.
[30] 逯耀东 . 寒夜客来——中国饮食文化散记之二 [M]. 北京 : 生活 · 读书 · 新知三联书店 ,2005.
[31] 逯耀东 . 肚大能容——中国饮食文化散记 [M]. 北京 : 生活 · 读书 · 新知三联书店 ,2012.
[32] 万建中 . 饮食与中国文化 [M]. 南昌 : 江西高校出版社 ,1994.
[33] 林乃燊 . 中国古代饮食文化 [M]. 北京 : 商务印书馆 ,1997.
[34] 王仁湘 . 民以食为天——中国饮食文化 [M]. 济南 : 济南出版社 ,2004.
[35] 清渠 . 舌尖上的文化——传承中国五千年饮食文化 [M]. 北京 : 北京工业大学出版社 ,2014.

期刊:

[1] 郭艳华 . 文旅融合视角下黄河流域旅游文化保护与传承研究——评《黄河流域旅游文化及其历史变迁》[J]. 人民黄河 ,2022,44(2):165-166.
[2] 左丹 . 吉林省冰雪旅游文化对外宣传译介研究 [J]. 对外经贸 ,2022(1):73-75.
[3] 许静 , 卢紫微 , 陈丽莉 . 旅游文化创意产品设计课程教学成果市场化探究 [J]. 美术教育研究 ,2022(2):156-157.
[4] 刘辉 . 山东方言在旅游文化形象构建中的应用研究 [J]. 商业文化 ,2022(3):130-131.
[5] 曹世峰 . 基于湖北特色旅游文化的 AR 虚拟数字化产品设计研究 [J]. 天工 ,2022(2):22-24.
[6] 牟鑫 , 王雪筠 . 藏戏面具的线上旅游文化产品开发研究 [J]. 西部皮革 ,2021,43(24):42-43.
[7] 焦艳伟 . 生态翻译学视角下陕西沿黄红色旅游文化外宣翻译研究 [J]. 作家天

地,2021(36):120-121.
[8] 宋佳燕.金融创新与区域旅游文化产业发展[J].旅游与摄影,2021(24):76-77.
[9] 程水英,徐筱妍,刘巧.后疫情时代下我国旅游文化产业的现状与翻译困境[J].经济师,2021(12):177-178.
[10] 梁少祯.乡村振兴战略下旅游文化资源保护与开发研究[J].旅游与摄影,2021(22):65-66.
[11] 王璐.基于地域文化的旅游文化资源开发分析[J].旅游与摄影,2021(22):69-70.
[12] 欧萌.高校教育视域下南充红色旅游文化产业发展路径研究[J].文化产业,2021(32):164-165.
[13] 任菲.江南古典园林文化遗产数字化开发研究——以网师园数字展示平台设计为例[J].大众文艺,2021(24):74-76.
[14] 任菲.新媒体时代江南古典园林文化传播策略研究[J].大众文艺,2021(22):94-96.
[15] 宗依依.试析北京的风景园林文化遗产[J].侨园,2021(11):84-85.
[16] 涂芳.基于文化意境美学主导下的中式园林设计[J].建筑结构,2021,51(21):161.
[17] 李梦梦,孟磊.园林数字导览系统中文化转译设计策略研究[J].美术教育研究,2021(19):55-57.
[18] 乐正阳.中国园林文化在德国的传播——以波鸿鲁尔大学"潜园"为中心[J].德国研究,2021,36(3):137-151,156.
[19] 林墨飞,唐建,蔡军.文化自信融入研究生园林设计课程的教学模式研究——以大连理工大学为例[J].大学,2021(35):61-63.
[20] 张心怡.文化传播视角下中国园林翻译策略研究[J].校园英语,2021(30):255-256.
[21] 魏菲宇.基于文化自信的"中国园林史"课程思政途径探究[J].教育教学论坛,2021(28):5-8.
[22] 李梓珊.余荫山房园林文化创意产品设计研究[J].工业设计,2021(6):132-133.
[23] 张颂炫.城市历史的文化符号——评沙无垢先生近作《无锡园林十二章》[J].江南论坛,2021(6):61-62.
[24] 陈可涵.以色列 2021年"中国旅游文化周"开幕[J].中国会展(中国会议),2021(12):24.

[25] 全球联动　云端共赏“美丽中国”[J]. 中外文化交流,2021(6):20-21.

[26] 刘晓琳. 共襄盛举　共谋发展——2021“中国旅游文化周”启动仪式暨宁夏(银川)专场活动举办[J]. 中外文化交流,2021(6):22-24.

[27] 张丽娟,廖珍杰.“中国旅游文化”课程开展课堂思政教学的探索与实践[J]. 辽宁科技学院学报,2021,23(2):69-71.

[28] 王波. 文化自信视域下《中国旅游文化》课程思政的探索[J]. 作家天地,2021(9):93-95.

[29] 高文侠. 中国旅游文化产业发展分析[J]. 今日财富(中国知识产权),2020(4):208-209.

[30] 中国旅游文化周在埃及开幕[J]. 改革与开放,2019(13):132.

[31] 姜晓涵. 抓住机遇,提升中国旅游文化的品位[J]. 旅游纵览(下半月),2019(6):29-30.

[32] 王文娟. 浅谈旅游课程重视文化积累的作用——评《中国旅游文化》[J]. 中国教育学刊,2018(11):122.

[33] 郑婷. 美国华裔文学作品中蕴含的中国旅游文化研究——以林语堂《吾国吾民》为例[J]. 青年文学家,2018(30):36-37.

[34] 徐静. 讲旅游故事,传中国文化——《中国旅游文化》教学有感[J]. 传媒论坛,2018,1(15):168-169.

[35] 陈国林. 中国旅游文化类型研究综述及研究价值[J]. 四川旅游学院学报,2017(2):60-63.

[36] 孙文福,薛影. 中国旅游文化通识核心课程的建设与研究——以沈阳师范大学中国旅游文化通识核心课程改革为例[J]. 辽宁经济职业技术学院学报,2017(1):98-101.

[37] 沈芳.《中国旅游文化》课程信息化教学设计——以旅游景观文化教学单元为例[J]. 产业与科技论坛,2016,15(24):200-201.

[38] 李宗政,杨山青. 中国旅游外宣英译文化异化与归化研究[J]. 山东理工大学学报(社会科学版),2016,32(6):42-45.

[39] 刘欢,赵思齐. 旅游视角下地理因素对中国饮食文化的影响[J]. 当代旅游,2022,20(3):70-72.

[40] 杨鹏,王思明. 中国古代饮食文化交流研究的回顾与展望[J]. 四川旅游学院学报,2022(1):6-11.

[41] 中国古代饮食文化展亮相国博[J]. 餐饮世界,2022(1):78-79.
[42] 刘朴兵 . 论曹操对中国饮食文化的贡献[J]. 农业考古,2021(6):194-200.
[43] 韩琳琳 . 课程思政视域下烹饪专业基础课思政内涵元素挖掘——以中国饮食文化课程为例[J]. 现代职业教育,2022(1):169-171.
[44] 田芙蓉 . 饮食科学卷——让饮食安全而健康[J]. 餐饮世界,2021(12):48-50.
[45] 李玮 . 中国茶叶出口贸易经济与文化发展研究——评《中国与"一带一路"沿线国家文化贸易合作研究》[J]. 国际贸易,2021(11):98.
[46] 李志鹏 .OBE 理念下应用型高校课程思政教学改革研究——以"中国饮食文化"课程为例[J]. 四川旅游学院学报,2021(6):1-4.
[47] 洪娟 . 传统饮食文化融入职校思想政治课教学的应用研究——《中国饮食文化简史》评述[J]. 食品与机械,2021,37(10):247-248.
[48] 霍伟 . 论汪曾祺文学创作对中国饮食文化的贡献——评《中国饮食文化》[J]. 粮食与油脂,2021,34(10):170-172.
[49] 郭娟 . 中国饮食文化中的地域性研究[J]. 中国食品,2021(19):59-60.
[50] 冷益虎 . 中国茶文化在茶叶包装设计中的应用[J]. 福建茶叶,2022,44(2):166-168.
[51] 刘茹 .《中国茶文化》公选课的德育教学设计和实施[J]. 福建茶叶,2022,44(1):209-211.
[52] 夏建中 . 跨文化交际视角下在对外汉语课堂中融入茶文化[J]. 福建茶叶,2022,44(1):153-155.
[53] 谢书敏 .5W 模式下韩国茶文化传播对中国茶文化的启示[J]. 福建茶叶,2022,44(1):4-6.
[54] 俞晖 .《农业考古》创刊 40 周年暨《农业考古·中国茶文化专号》创刊 30 周年刊庆纪实(一)[J]. 农业考古,2021(6):2, 273.
[55] 陈萍,郭威 . 以中国茶文化坚定中华优秀文化自信的三重价值意蕴和实践路径[J]. 茶叶通讯,2021,48(4):780-784.
[56] 陈敏 . 多模态认知话语分析视角下中国茶文化的跨文化传播——以李子柒茶文化视频为例[J]. 茶叶通讯,2021,48(4):773-779.
[57] 陈喆 . 中国茶文化中蕴含的哲学思想研究[J]. 福建茶叶,2021,43(12):265-266.
[58] 李建萍 . 中国茶文化中的"顺天应时"思想[J]. 古今农业,2021(4):96-102, 120.

[59] 符婕.日本茶道跨文化传播中值得中国茶文化借鉴的做法[J].中国民族博览,2021(22):56-58.

[60] 孙秀莉.探析中国茶文化在英语语言文学翻译中的体现[J].福建茶叶,2021,43(11):232-233.

[61] 陈珮瑶."一带一路"建设下的中国茶文化历史价值新研究[J].文物鉴定与鉴赏,2021(20):101-103.

[62] 由民.开拓中国茶文化教学新境界——《中华茶文化概论》简评[J].农业考古,2021(5):268-270.

[63] 刘倩.中国茶文化对现代高职院校教育管理提升的作用探讨[J].福建茶叶,2021,43(10):132-133.

[64] 闫俊屹.浅析"一带一路"背景下中国茶文化在德国的传播[J].福建茶叶,2021,43(10):9-10.

[65] 师妮.文化自信视域下中国茶文化外宣翻译模式研究[J].福建茶叶,2021,43(10):223-224.

[66] 齐石.分析中国茶文化英文翻译过程中技巧的运用[J].福建茶叶,2021,43(9):223-224.

[67] 熊一蓉,许慕竹.对外汉语教学中中国茶文化的传播探究[J].福建茶叶,2021,43(9):285-286.